MORTOS DE FAMA

ALEXANDRE, O GRANDE

E SUA SEDE DE FAMA

Phil Robins

Ilustrações de Clive Goddard

Tradução de Eduardo Brandão

SEGUINTE

Para Toby, Joseph, Jonathan e (claro) Alexander

O selo Seguinte pertence à Editora Schwarcz S.A.

Grafia atualizada segundo o Acordo Ortográfico da Língua Portuguesa de 1990, que entrou em vigor no Brasil em 2009.

Título original
Alexander the Great and his Claim to Fame

Preparação
Ana Maria Alvares

Revisão
Marise S. Leal
Andressa Bezerra da Silva

Atualização ortográfica
acomte

Dados Internacionais de Catalogação na Publicação (CIP)
(Câmara Brasileira do Livro, SP, Brasil)

Robins, Phil
Alexandre, o Grande: e sua sede de fama / Phil Robins; ilustrações de Clive Goddard; tradução de Eduardo Brandão. — 1ª ed. — São Paulo: Companhia das Letras, 2009.

Título original: Alexander the Great and his Claim to Fame.
ISBN 978-85-359-1383-5

1. Alexandre, o Grande, 356-323 a.C. 2. Biografias 3. História universal 4. Literatura infantojuvenil I. Goddard, Clive. II. Título.

08-11875 CDD-028.5

Índices para catálogo sistemático:
1. Imperadores: Biografia: Literatura infantojuvenil 028.5

EDITORA SCHWARCZ S.A.
Rua Bandeira Paulista, 702, cj. 32
04532-002 — São Paulo — SP
Telefone: (11) 3707 3500
www.seguinte.com.br
contato@seguinte.com.br
/editoraseguinte
@editoraseguinte
Editora Seguinte
@editoraseguinteoficial

FSC
www.fsc.org
MISTO
Apoiando o manejo florestal responsável
FSC® C128038

A marca FSC® é a garantia de que a madeira utilizada na fabricação do papel deste livro provém de florestas que foram gerenciadas de maneira ambientalmente correta, socialmente justa e economicamente viável, além de outras fontes de origem controlada.

Esta obra foi composta por Américo Freiria em Wilke e impressa em processo sob demanda pela Um Livro sobre Papel Offwhite para a Editora Schwarcz a partir de 2025

INTRODUÇÃO

Você deve ter ouvido falar de Alexandre, o Grande, ou Alexandre Magno, mas o que sabe sobre ele? Para começar, por que ele era tão grande? Por que ele faz jus a tanta fama?

Ao longo dos séculos, milhares de livros foram escritos sobre Alexandre. Muitas vezes suas façanhas foram exageradas e transformadas em aventuras lendárias. De acordo com algumas histórias, Alexandre não só voou pelos céus num cesto carregado por águias, como também andou por baixo d'água no primeiro submarino da história.

Alexandre não era tão grande assim, mas, mesmo que seus feitos não tenham sido de fato tão fabulosos, continuam sendo extraordinários.

Alexandre era rei da Macedônia (que ficava na Grécia) e sua fama se deve principalmente ao fato de ter comandado um gigantesco exército de soldados gregos e marchado com eles por desertos tórridos e montanhas geladas, situados nos confins do mundo conhecido na época. Moral da história: ele reinou sobre um vasto império de mais de 5 milhões de quilômetros quadrados, abrangendo desde o rio Danúbio, na Europa, até o atual Paquistão. Já pensaram que tamanho teria seu império se ele não tivesse morrido com apenas 32 anos?

Sem dúvida nenhuma, Alexandre foi um chefe militar brilhante, o que talvez bastaria para que entrasse para a história como um dos "grandes". Mas tem gente que acha que Alexandre não merece o apelido. (Afinal de contas, ninguém pediu a ele que conquistasse tudo o que conquistou.) De acordo com estes últimos, Alexandre foi apenas um brigão que aterrorizava as pessoas fazendo o que bem entendia e que avançou milhares de quilômetros com seu exército só para ter seu nome nos livros de história.

De certo modo, eles têm razão: sob muitos aspectos, Alexandre não era nada legal. Por exemplo:

- tinha um gênio do cão, tanto que matou um dos seus melhores amigos num acesso de raiva (estava completamente bêbado);
- matou a sangue-frio vários dos seus homens — inclusive um dos seus principais generais;
- puniu várias cidades "inimigas" destruindo-as inteiramente;
- acabou se achando tão demais que declarou que não era simplesmente um homem, mas na verdade um deus!

Por outro lado, não era totalmente mau. Era leal com a maioria dos amigos (aqueles que não matava) e tratava humanamente seus inimigos (quer dizer, aqueles que ele não executava). E, é claro, viveu numa época em que era mais ou menos esperado que os reis agissem mesmo implacavelmente. Ou seja, agia como qualquer outro soberano ou general.

Mas este livro não é feito só de assassinatos e atitudes cruéis. Ele conta também vários outros fatos sobre esse homem famoso: como ele se saía na escola, o que gostava de ler antes de dormir, como encontrou seu cavalo favorito... Claro que você também conhecerá suas incríveis façanhas nos campos de batalha e sua extraordinária jornada até os confins da terra. E se você quiser saber detalhes mais íntimos da vida de Alexandre, é só ler seu diário secreto e as cartas que ele escreveu para a mãe.

O PEQUENO ALEX

Alex nasceu no mês de julho do ano de 356 a.C., em Pela, capital da Macedônia, um pequeno país do norte da Grécia, do qual seu pai, Filipe, era rei.

Filipe era um sujeito feroz, beberrão, reputado por sua rudeza; por outro lado, era um governante eficiente, e seus compatriotas também o admiravam muitíssimo como general e guerreiro. (Mas era meio descuidado, tanto que perdeu um olho em uma batalha.)

Filipe era casado com várias mulheres (naquela época, podia), inclusive com a linda mãe de Alex, Olímpia, princesa de um país chamado Epiro, pertinho da Macedônia. Olímpia era uma mulher ambiciosa e decidida, e tinha um temperamento... Rapidinho adquiriu a reputação de ser uma pessoa com quem não se brincava. Os macedônios também a achavam uma mulher estranha e exótica. Em parte porque era estrangeira, em parte porque adorava bizarras cerimônias místicas, em que dançava loucamente com sua coleção de cobras de estimação. O rei Filipe não era muito chegado a esse tipo de coisa, e os costumes muito atípicos da sua esposa não demoraram a abalar o casamento dos dois — principalmente depois que, um belo dia, ele acordou e encontrou uma cobra na cama!

Apesar das brigas, Filipe e Olímpia amavam muito Alex e queriam educá-lo para um dia ser rei. Uma das outras esposas de Filipe já tinha lhe dado um filho — chamado Arrideu —, que tinha uma deficiência mental. Isso significava que Alex era o favorito para suceder Filipe, apesar de ser o mais moço dos dois irmãos, e Olímpia estava disposta a tudo para garantir que tudo desse certo para ele. (Alex tinha também várias irmãs, mas elas não tinham a menor chance de herdar o trono, porque as mulheres não eram aceitas como soberanas na Grécia antiga.)

GRANDES HISTÓRIAS: ARRIDEU

Tinha gente que achava que o meio-irmão de Alex tinha uma deficiência porque Olímpia o envenenara quando bebezinho. Não há nenhuma prova disso, mas é bem possível. Olímpia, como você vai ver, agia sem dó nem piedade, e faria praticamente tudo para que o filho dela — e mais ninguém — fosse rei.

Super-Alex

Infelizmente, não se sabe grande coisa sobre os primeiros anos da vida de Alex, mas não há dúvida de que passou um bom tempo brincando nos corredores e jardins do palácio de Pela.

No palácio real é que teria aprendido a lutar, montar a cavalo e caçar. (Curiosamente, uma coisa que ele nunca conseguiu aprender direito foi nadar.) Lá também é que teria aprendido a venerar os deuses cultuados na Grécia.

GRANDES TEMPOS: OS DEUSES GREGOS

Os gregos eram politeístas, quer dizer, em vez de um só deus, tinham um montão, cada qual com seus templos. Na sua crença, os doze principais viviam no Olimpo, a mais alta montanha da Grécia. Entre eles...

Zeus: o chefão, o mais poderoso de todos os deuses.

Posêidon: deus do mar, e também dos terremotos.

Atena: deusa da guerra.

Apolo: deus da música e da profecia, entre outras coisas.

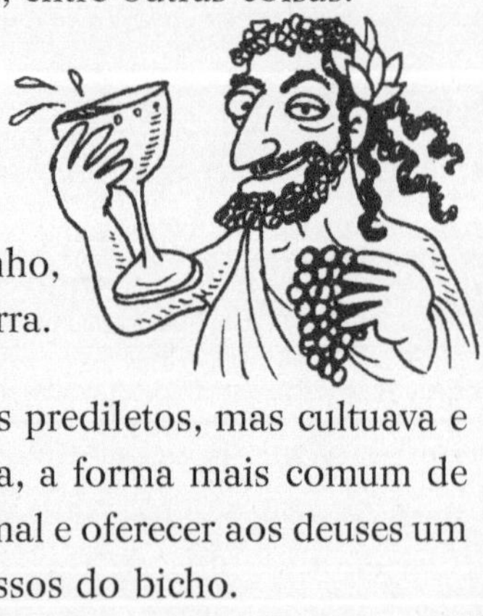

Dioniso: deus do vinho, da fertilidade e... da farra.

Cada um tinha seus deuses prediletos, mas cultuava e respeitava todos. Na época, a forma mais comum de devoção era matar um animal e oferecer aos deuses um pouco da gordura e dos ossos do bicho.

Enquanto crescia, Alex ouvia falar de todos esses deuses, especialmente Zeus e Dioniso, os favoritos da sua mãe. (Era Dioniso que ela cultuava ao dançar com suas serpentes. E quando estava especialmente brava com seu marido, às vezes dizia a Alex que seu verdadeiro pai era Zeus, e não Filipe!)

Alex também ouvia falar muito dos heróis *humanos* da mitologia e das lendas gregas. Se ele tivesse escrito um diário, teria sido mais ou menos assim:

Diário Secreto do Alexandre
7 anos e 9 meses

Mamãe me contou uma grande história ontem, antes de me dar um beijo de boa-noite. Era sobre um super-herói chamado ~~Hérucles~~ Hércules, que viveu muito tempo atrás.

Hércules viajou por quase tudo que é lugar e era um craque em matar monstros e coisas assim — às vezes só com as mãos.

A melhor parte foi quando matou a hidra,

GRANDES TEMPOS: HÉRCULES

Para os gregos, Hércules era uma espécie de herói de quadrinhos. Eles contavam uma porção de histórias a seu respeito. Era famoso de morrer por não ter medo de nada, ser fortérrimo e vencer os desafios mais impossíveis. Segundo a lenda, Hércules não morreu, mas virou um deus. Era popularíssimo na Macedônia, porque acreditavam ser um ancestral da família real macedônia.

Superpotência

Enquanto Alex ainda ouvia histórias para dormir, seu pai estava quase sempre fora, vencendo batalhas de verdade. Filipe estava transformando a Macedônia, um paiseco mixuruca nos confins da Grécia, no Estado mais poderoso do mundo antigo.

Naquele tempo, a Grécia não era um país só, como é hoje, mas um conjunto de pequenos Estados separados, muitos deles conhecidos como "cidades-Estado".

GRANDES TEMPOS: CIDADES-ESTADO

As cidades-Estado eram minipaíses formados por uma só cidade, cada qual com governo e exército próprios. A mais famosa era sem dúvida Atenas, mas Esparta e Tebas vinham logo em seguida. Viviam competindo entre elas — às vezes guerreando mesmo! — para provar que eram as mais importantes da Grécia.

Nos séculos anteriores, as cidades-Estado tinham olhado com o maior desprezo para a Macedônia (que não era uma cidade-Estado, mas um país maior que elas, com Pela como a capital). Isso se devia em parte ao fato de que a Macedônia não era rica nem poderosa; e também, em parte, porque até então não tinha dado nenhuma grande contribuição para a civilização grega, enquanto nas cidades-Estado — em particular Atenas — viviam milhares de escritores, filósofos e esportistas de renome mundial.

Outra razão para esnobar os macedônios: o país não era uma "democracia". Democracia significa "governo do povo" e foi uma invenção dos atenienses, de que eles muito se orgulhavam. Em vez de terem um rei mandando em todo mundo e sempre fazendo o que lhe desse na telha, os atenienses adotaram um sistema de votos para tornar as decisões um pouco mais equitativas. (Como nem as mulheres nem os escravos votavam, não era tão equitativo assim.) Não demorou muito para o sistema pegar em muitas outras cidades-Estado, mas a Macedônia ainda tinha um rei fora de moda no poder, e muitos gregos — especialmente em Atenas — achavam que isso era muito retrógrado.

Como se não bastasse, os macedônios tinham um carregado sotaque nortista que os outros gregos achavam difícil de entender e também a má reputação de arruaceiros e beberrões. Moral: muitos gregos do sul consideravam os macedônios uma gentinha pouco civilizada, que nem merecia ser chamada de "grega".

Mas tudo isso começou a mudar no reinado de Filipe, que jogava inteligentemente com a rivalidade entre as cidades-Estado gregas para tornar a Macedônia muito mais poderosa e importante. Filipe não dava a menor bola para essa história de democracia e estava decidido a governar a Macedônia — e, quem sabe, o resto da Grécia também — com mão de ferro. Tratou de fortalecer o exército de seu país, transformando-o numa das mais formidáveis forças armadas do mundo antigo. E graças à sua habilidade como político e ao uso implacável do seu poder real, a Macedônia acabou virando a nova "superpotência" da Grécia.

O cavalo do Alex

À medida que os anos passavam, não só a Macedônia ganhava respeito. Uma história mostra como aos doze anos — apesar de ser baixinho para a idade — Alex já estava começando a impressionar as pessoas com a sua coragem.

1. Um dia, Filipe levou Alexandre a uma feira de cavalos.

2. Filipe gostou de um cavalo, mas quando chegou perto dele...

3. Mas Alex tinha se encantado com o animal.

4. Alex virou o cavalo na direção do sol, de modo que o bicho não visse mais a sua sombra e tratou de acalmá-lo com uns carinhos.

5. Então pôs seu manto no lombo dele, montou e os dois saíram disparados pela planície...

6. Minutos depois, Alex voltou, dominando o cavalo sem nenhum problema.

Filipe ficou tão contente com o filho que lhe deu o cavalo de presente. Alex batizou seu novo amigo de Bucéfalo, que significa "cabeça de boi", porque a marca do vendedor, ferreteada no couro do corcel, tinha essa forma. O par cavalo-cavaleiro tornou-se inseparável desde então. Foi Bucéfalo quem, mais tarde, levou Alex em todas as suas aventuras e nas batalhas mais importantes.

NA ESCOLA

O rei Filipe se ausentava frequentemente de Pela, seja para comandar seus exércitos contra os Estados vizinhos, seja em missões diplomáticas, de modo que o jovem Alex tinha muito mais contato com a mãe do que com o pai. Olímpia fazia tudo o que podia para mimar e estragar o filho, mas também contratou tutores para que tivesse uma boa educação. O primeiro tutor do Alex foi um homenzinho chamado Leônidas, um chato que ditava regras para tudo! Achava que só assim fortaleceria Alex para enfrentar as dificuldades da vida — daí porque o obrigava a correr quilômetros de manhã cedinho, seguir uma dieta rigorosa e outras coisas tão agradáveis como essas.

Leônidas também empregava boa parte do tempo fuçando as coisas do Alex: vai que a mãe tivesse dado escondido a ele alguma guloseima proibida...

GRANDES HISTÓRIAS: AROMA PRA DAR E VENDER

Conta-se que, um belo dia, Alex estava queimando um incenso no templo e Leônidas deu-lhe uma bronca por estar gastando demais. Disse que não tinha direito de usar incenso enquanto não houvesse conquistado a Ásia, lugar de onde vinham essa e outras substâncias exóticas. A história continua afirmando que, anos depois, quando havia conquistado a Ásia, Alex lembrou-se da bronca e enviou de presente a Leônidas dezoito toneladas de incenso e mirra, mandando dizer que não precisava mais ser pão-duro com os deuses.

Apesar do rigor de Leônidas, o jovem Alex sempre arranjava tempo para se dedicar às suas diversões favoritas, como caçar e compor música. Como seu herói Hércules, Alex era excelente caçador e sempre voltava para casa trazendo um ou dois animais mortos. O garoto também gostava de tocar lira (instrumento parecido com uma pequena harpa), mas, tal como a natação, a música nunca seria seu forte. Olímpia até contratou um professor de música, mas Alex não progredia muito...

Segundo outra lenda, Alex teria perguntado uma vez ao seu professor de música se era mesmo necessário tocar determinada nota em vez de outra. O professor teria respondido que para um futuro rei não tinha a menor importância qual nota tocar, mas que para um músico tinha. Uma maneira educada de fazer o Alex entender que a música não era o seu negócio.

Alex na sala de aula

Não demorou muito para o rei Filipe mandar Alex estudar numa escola no campo, junto com outros filhos de famílias macedônias ricas. Fez isso não só para que ele fosse tocar lira longe dos seus ouvidos, mas também para afastar Alex da mãe, que continuava tentando estragá-lo. E, claro, Filipe também queria dar ao filho a melhor educação que o dinheiro pudesse pagar.

Como professor, mandou vir um famoso filósofo de Atenas, um velhote chamado Aristóteles, um cara inteligente de morrer. Aristóteles não dava moleza, ensinava medicina, história natural (biologia), geografia, política, literatura grega, física, astronomia, filosofia e retórica (a arte de se fazer discursos maravilhosos e vencer discussões manejando habilmente as palavras). E, na verdade, essas eram as matérias da primeira metade da manhã!

Ter aulas com um gênio como Aristóteles não devia ser mole, especialmente para o Alex, que era muito mais um garoto ativo do que pensativo.

Diário Secreto do Alexandre
Verão de 343 a.C. (13 anos)

As aulas são chatas, chatas, chatas pra caramba, mas às vezes damos uma risada. Eu e Hefesto — meu melhor amigo — inventamos uma brincadeira superlegal: a gente muda de lugar cada vez que o Aristóteles vira de costas pra nós. Você devia ver a cara que ele faz, tentando entender o que aconteceu!
Acho o coroa bacana, acho mesmo, apesar de não parar de confiscar a minha lira. "Procure ser sempre o melhor", ele vive nos dizendo. E é exatamente o que eu vou ser. Mas não o melhor na <u>escola</u>. (Isso é só para os bocós e os cê-dê-efes.) Vou ser o melhor <u>rei</u> de todos os tempos!

Na verdade, Alex aprendeu muito com as aulas de Aristóteles e, no fim, o velho professor exerceu um bocado de influência sobre ele. De saída, mandou-o ler um livro que no começo pode ter parecido chato, mas logo se tornou o livro predileto do menino.

GRANDES TEMPOS: A ILÍADA, DE HOMERO

Esse livro, que se acredita ter sido escrito por um poeta cego séculos antes de Alexandre nascer, era o mais conhecido do mundo grego. Falava de uma longa e dura guerra entre gregos e troianos — o povo que vivia na cidade de Troia, na Ásia Menor (atual Turquia).

A história começa quando o príncipe troiano Páris rapta a bela Helena, tomando-a do seu marido grego, Menelau, rei de Esparta.

Como vingança, uma porção de reis gregos se aliam e formam um gigantesco exército que ataca Troia e sitia a cidade por vários anos. (Sítio, neste caso, significa cercar uma cidade com um exército, impedindo seu abastecimento.)

Por fim os gregos entram em Troia, destroem a cidade e devolvem Helena a seu marido.

Na verdade, a maior parte da *Ilíada* se passa nas "planícies ventosas" de Troia, durante o sítio (ou cerco), de modo que tem um montão de cenas de batalha, sangue e tripas para todo lado.

Não há a menor dúvida de que, se Alexandre fosse parar numa ilha deserta, a *Ilíada* era o livro que ele gostaria de ter consigo. E quando estava em suas campanhas na Ásia, sempre dormia com uma cópia da obra debaixo do travesseiro!

Na verdade, Alex logo começou a se ver como um segundo Aquiles — outro herói destinado a conquistar a glória para os gregos nos campos de batalha. Alex deve ter sido estimulado nesse sentido por outro tutor seu, um sujeito de nome Lisímaco, que o chamava mesmo de Aquiles. Isso porque Olímpia se dizia descendente do herói, logo Alex também era. Ou seja, ele era parente de *dois* super-heróis!

Diário Secreto do Aquiles
(Brincadeirinha! Sou eu mesmo!)

Enquanto estou me enchendo aqui na escola, papai conquista uma vitória depois da outra. Espero que ele deixe algumas batalhas para eu vencer! O Hefesto disse que eu não devia me queixar. Papai está tornando a Macedônia rica e poderosa, e isso é bom porque um dia vou assumir o lugar dele. Mas eu não quero só poder, eu quero aventuras! Eu quero ser um super-herói, e não um rei velho que se chateia sem ter o que fazer.

Claro, Alex um dia arranjaria muito que fazer, e foi provavelmente nas aulas de geografia de Aristóteles que aprendeu onde teria as maiores chances de viver algumas aventuras como Aquiles:

GRANDES TEMPOS: GREGOS X BÁRBAROS

Para os gregos, todos os não gregos eram conhecidos como bárbaros. De início, o termo significava apenas algo como "quem não fala grego", o que não é tão grosseiro assim. No entanto, muitos gregos achavam que apenas seu idioma poderia ser chamado de língua e que só quem o falava — ou seja, quem fosse grego — era capaz de fazer alguma coisa que prestasse. Afinal, acabaram acreditando que eles, gregos, eram o máximo em tudo e não demoraram a concluir que os bárbaros não só eram diferentes como também inferiores.

Na verdade, a civilização persa era tão antiga quanto a dos gregos, além de tão interessante e notável quanto a grega, mas os gregos tinham um tremendo sentimento de superioridade. Você pode perfeitamente achar que um crânio como o Aristóteles sabia mais que todo mundo mesmo, mas ele era um dos mais esnobes de todos e incutia constantemente em Alexandre a ideia de que os persas eram uma raça de fracassados que mereciam ser conquistados e liquidados pelos poderosíssimos gregos.

GRANDES TEMPOS: GREGOS X PERSAS

Para os gregos, os persas eram o oposto de tudo de bom que podia ser dito sobre eles, gregos. Assim, enquanto eles se consideravam vigorosos, fortes e controlados, os persas eram tidos como uns molengas sem força de vontade. Os gregos se diziam calmos e lógicos, já os persas, para eles, eram uns estouradões. Os gregos não comiam nem bebiam demais — "moderação em tudo", era um dos ditos prediletos de Aristóteles —, já os persas não tinham noção de limites e exageravam em tudo.

Claro, um dos motivos pelos quais os gregos tinham tanta bronca dos persas era porque se sentiam ameaçados por eles. Afinal de contas, o império persa não ficava longe da Grécia e tinha um exército gigantesco. Aliás, a Grécia já tinha sido invadida pela Pérsia, uma humilhação que os gregos nunca esqueceriam, sem falar em outra coisa que o Alex deve ter aprendido na escola...

Dever de casa — História

Alexandre, 15 anos

As guerras persas

Há uns 150 anos, em 490, o rei persa Dario I invadiu a Grécia, mas foi derrotado na batalha de Maratona. Dez anos depois, seu filho, Xerxes, voltou a atacar, e dessa vez conseguiu até entrar na cidade de Atenas e incendiá-la. Mas a frota persa virou picadinho na batalha de Salamina, depois, em Plateia, a gente acabou transformando o exército persa em paçoca, pondo fim às guerras persas.

Nós, gregos, ainda não fomos à forra direito, mas um dia iremos, especialmente quando eu estiver no poder! Um dia conquistaremos todo o império persa!

✓ *Muito bom, mas, por favor, tente usar uma linguagem mais apropriada.*

Alexandre deve ter passado um tempão olhando pelas janelas da sua sala de aula, sonhando com essas aventuras (especialmente quando Aristóteles falava de triângulos equiláteros e coisas do gênero). Mas ainda ia esperar muito tempo antes de ter a chance de fazer alguma conquista. Enquanto isso, nem sequer estava seguro de suceder a seu pai como rei da Macedônia...

Outubro de 342 a.C.

Meu filhinho querido,

Espero que você esteja se comportando e indo bem em seus estudos.

Seu pai voltou para casa ontem, mas mal trocou uma palavra comigo. Passou o tempo todo com aquelas suas outras esposas ridículas. Não fico com ciúme, claro, mas não quero que ele tenha outro filho homem, que pudesse ser seu rival, meu anjo. Disse isso a ele, mas ele só respondeu: "Não vai fazer mal nenhum ao garoto enfrentar uma competição". Bom, vamos ver no que vai dar. Que homem idiota, é só o que digo!

Enquanto isso, trate de prestar atenção no que o senhor Aristóteles diz. Pode ter alguma utilidade, nunca se sabe.

Um montão de amor e de beijos,

Mamãe.

P.S. Procure ser sempre o melhor, amorzinho, e um dia você terá o mundo a seus pés.

P.P.S. Você não continua insistindo em tocar lira, não é?

FAMÍLIAS FELIZES

Aos dezesseis anos, Alex terminou a escola e seu pai decidiu que ele já estava pronto para assumir novas responsabilidades. Assim, quando Filipe partiu novamente, para combater na vizinha Trácia, deixou o filho cuidando da Macedônia. Um velho amigo da família, chamado Antípatro, foi designado para aconselhar o jovem, mas pela primeira vez na vida Alexandre viu-se no poder e adorou cada minuto em que nele esteve:

> Dezembro de 340 a.C.
>
> Querido papai,
> Não se preocupe. Tudo está correndo bem por aqui. Tivemos um pequeno aborrecimento, uma tribo do norte que se rebelou semana passada, mas logo dei um jeito. Até tomei uma cidade rebelde e decidi mudar o nome dela para o meu. É, agora ela se chama Alexandrópolis. Soa bem, não soa? Como vão indo as coisas aí com os trácios?

Se precisar que eu vá te ajudar a dar um jeito neles, é só avisar.

Respeitosamente,

Alexandre

Janeiro de 339 a.C.

Querido filho,

Pelo visto você está fazendo um bom trabalho. Mas gostaria de lhe pedir para não dar o seu nome a outras cidades. Quem tem de fazer isso sou eu. (Quando for rei, você vai ter muitas oportunidades para fazer esse tipo de coisa.) Agora não perca tanto tempo perseguindo rebeldes. Na sua idade, você devia aproveitar para se divertir.

Com todo amor, Papai

P.S. Tome cuidado com as malditas cobras da sua mãe. Outro dia encontrei uma na minha mala!

Alex deixa sua marca

À medida que o poder macedônio crescia, tornava-se inevitável um enfrentamento entre Filipe e as ainda poderosas cidades-Estado de Atenas e Tebas. Isso aconteceu finalmente no ano de 338 a.C., na grande batalha de Queroneia. Nela, os macedônios foram enfim capazes de provar que, graças às reformas de Filipe, tinham o exército mais eficiente de toda a Grécia. Ele funcionava mais ou menos assim:

Em Queroneia, Filipe decidiu que Alex, na época com dezoito anos, participaria da batalha como capitão da cavalaria. O jovem certamente ficou encantado com o papel de comando que desempenhou nos combates.

> Agosto de 338 a.C.
>
> Mamãezinha querida,
>
> Você vai se orgulhar de mim. Papai me colocou na posição mais importante de todo o exército, encarregado de centenas de homens combatendo a cavalo. Bucéfalo foi sensacional e, graças a nós dois, logo mostramos àqueles gregos emergentes quem é que manda. Uma coisa estragou meu dia: depois da batalha, a gente estava comemorando com um jarro de vinho e, enquanto eu entretinha os outros tocando à lira algumas peças do meu repertório, papai tomou a maior bebedeira. Ele acabou cambaleando pelo campo de batalha, no meio dos cadáveres, berrando a plenos pulmões. Foi muito constrangedor! Sinceramente, mãe, você precisa ter uma conversa com ele. Esse é um comportamento digno do rei da Macedônia?
>
> Te amo,
>
> bjs, bjs,
>
> Alex

Para se redimir do seu inacreditável comportamento — que o fez parecer mais um delinquente do que um chefe de Estado —, Filipe resolveu fazer um grande gesto público: soltou 2 mil prisioneiros atenienses e anunciou que mandaria para Atenas as cinzas dos milhares de soldados mortos em Queroneia. E foi Alexandre que ele incumbiu de tão importante missão...

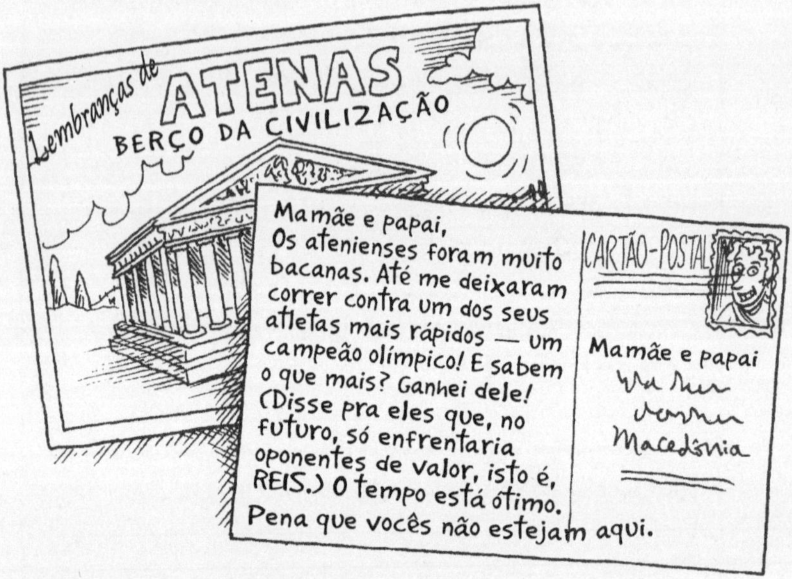

Um inimigo comum

Depois disso, Filipe decidiu organizar uma grande conferência de paz, em que forçou as cidades-Estado a entrar para uma tal "Liga Coríntia". Nada a ver com futebol, era apenas um acordo oficial para serem amigos, assinado em... Corinto.

Teoricamente, a liga era um grupo de aliados sem nenhum Estado a encabeçá-la, mas na prática todo mundo sabia que quem mandava nela era a Macedônia. E embora as cidades-Estado dissessem que queriam a paz, Filipe sabia que elas odiavam a Macedônia e já estavam conspirando contra ele. Filipe precisava dissuadi-las dessa rebelião e uni-las mais solidamente sob a sua liderança. Como poderia conseguir tal coisa?

Acontece que, não fazia muito tempo, ele havia recebido um conselho amistoso de um velho e sábio político ateniense chamado Isócrates.

> Outono de 346 a.C.
>
> Caro Filipe,
> Por que não convida os outros Estados gregos a se juntarem a você numa cruzada contra os persas? Afinal, seria melhor guerrear o grande rei desse império asiático do que ficarem brigando uns com os outros, não acha? E, é claro, se você conquistar a Pérsia, ficará mais poderoso do que nunca. Na verdade, calculo que você será mais ou menos como um deus!
>
> Seu amigo,
> Isócrates de Atenas

A sugestão de Isócrates fazia sentido. Afinal:

• A maior parte dos gregos concordava com que os persas eram uns estrangeiros bárbaros, e Filipe sabia que seria fácil unir todos contra eles.

• O Grande Rei da Pérsia era conhecidíssimo por sua fabulosa riqueza, e a ideia de se apoderar dela atraía todo mundo na Grécia.

• A humilhação das "Guerras Persas" ainda era uma ferida aberta, e muitos gregos achavam que tinham contas pendentes a ajustar. Filipe podia proclamar, portanto, que estava planejando uma guerra de vingança de todos os gregos contra os persas, apesar de seu verdadeiro motivo ser ampliar o poder macedônio e pôr fim às rebeliões gregas contra ele.

• Muitas cidades da Ásia Menor eram, na verdade, gregas, fundadas séculos antes por colonos gregos, que agora viviam sob o poder persa. A maioria dos seus cidadãos já estava acostumada com os persas e poucos proclamavam querer libertar-se deles, mas Filipe podia muito bem fingir que estava fazendo um favor para todos botando os persas para correr.

Tudo somado, era uma solução perfeita, e Filipe logo pôs a Grécia inteira a par de seus planos.

Dois casamentos e um funeral

Por azar, bem quando Filipe estava firmando a paz com as cidades-Estado da Grécia, sua família se envolveu num desentendimento fatal — que poderia ter terminado custando a própria vida do rei. Tudo começou quando ele finalmente brigou com Olímpia.

Filipe logo encontrou uma substituta do seu agrado, uma linda macedônia chamada Eurídice, sobrinha de um dos seus principais generais, e em poucas semanas anunciava que iam se casar.

Diário Secreto do Alexandre
Setembro de 338 a.C.

Que desastre! Papai está apaixonado por esta garota e mamãe está uma fera. Acha que está sendo rejeitada por ser estrangeira, enquanto a tal da Eurídice é de uma antiga família macedônia.

Parece que andam dizendo por aí que, se ele e essa sua nova mulher tiverem um filho, ele vai ser o herdeiro do trono, e não eu, porque ele vai ser de puro sangue macedônio.

Isso não é justo! Tenho certeza de que eu é que serei o próximo rei, como todo mundo está cansado de saber. (Pra dizer a verdade, Hefesto disse que ouviu umas pessoas dizerem que gostariam que papai fosse o general e eu, o rei.)

No melhor estilo macedônio, comida e bebida foram servidas à farta no casamento real, mas o clima ainda era meio tenso...

O pior momento foi quando Átalo, tio de Eurídice, fez um brinde ao novo casal e a seu futuro bebê:

Alexandre sabia que tinha ido longe demais. Naquela mesma noite ele e a mãe fugiram da corte de Filipe em Pela e partiram juntos do país. Alexandre deixou a mãe com uns parentes em Epiro e foi se esconder na Ilíria, no norte da Macedônia. Caído em desgraça, viveu os meses seguintes exilado.

Outubro de 338 a.C.

Querido Hefesto,

Que mancada! Eu e minha língua solta!

Com essa, não vou mais ser rei, vou? Que desastre! E agora estou enterrado aqui neste lugar esquecido pelos deuses, sem nada pra fazer além de tocar lira, bem quando as coisas estavam ficando interessantes. Papai vai despachar um grupo avançado para a Ásia, com a missão de preparar um local para o desembarque do resto do exército. Não vai demorar pra começar uma invasão de verdade. E eu vou perder isso!

Bem, mantenha-me informado... Quero saber de todas as fofocas.

Alex

De volta à Macedônia, Eurídice logo ficou grávida, mas quando a criança nasceu constataram que era uma menina, o que não mudava nada para Alexandre (ou mudava tudo!), já que uma mulher não podia subir ao trono macedônio. Filipe decidiu então que talvez Alex fosse mesmo sua melhor alternativa para um sucessor e tentou restabelecer sua relação com ele. (Além do mais, ele estava apreensivo quanto a partir para a Ásia deixando o filho fulo da vida na Ilíria, onde poderia armar uma rebelião contra ele.)

> Primavera de 337 a.C.
>
> Querido filho,
>
> Essa nossa briga é uma bobagem. Como posso falar de harmonia entre os gregos se minha própria família está afastada? Então, por que você não volta, hein? Vou precisar da sua ajuda contra os persas. E, nem é preciso dizer, é você que escolhi para me suceder, não se preocupe quanto a isso.
>
> Papai
>
> P.S. Talvez seja melhor você deixar sua mãe onde ela está.

Alexandre regressou a Pela e ajudou o pai, enquanto sua mãe permanecia no exílio.

Mas Filipe logo começou a ficar preocupado com um detalhe: Olímpia podia convencer o irmão, rei de Epiro, a aprontar alguma contra ele (Filipe), apesar de ele (o irmão da Olímpia) se dizer seu aliado. Com a invasão programada para breve, a última coisa que Filipe desejava era uma guerra com um dos vizinhos. Por isso, tratou de propor que os dois Estados consolidassem a amizade com um casamento entre sua filha Cleópatra, uma das irmãs de Alexandre, e o rei de Epiro.

Acertado isso, Filipe decidiu montar um senhor espetáculo, a fim de impressionar todo mundo com sua riqueza e importância. Assim, mandou convites para embaixadores e gente importante de toda a Grécia, enquanto a antiga cidade de Aigai era ornamentada com todo tipo de enfeites, preparando-se para a gigantesca festa de casamento, na qual haveria jogos públicos, festivais de música (em que Alexandre teria uma oportunidade de mostrar seu talento de tocador de lira) e sacrifícios aos deuses.

Primavera de 336 a.C.

Querida mãezinha,

Como esta é uma ocasião muito especial, papai pediu que eu a convidasse para o casamento. (Ele disse para você não trazer as cobras.) Você vem, não vem? Tenho uma porção de coisas pra te contar. Pra começar, Eurídice acaba de dar à luz um menino, e papai está nas nuvens com ele — o que é um pouco preocupante. O pior é que ele está decidido a chamar o guri de Carano. O nome não significava nada para mim, até que Hefesto me disse que era o do primeiro rei da Macedônia! Isso me fez pensar que papai talvez esteja planejando um grande futuro para o pirralho.

Sinceramente, não posso acreditar que vou ter de competir com um bebê!

Conto vê-la em breve.

Te amo,

bjs, bjs,

Alex

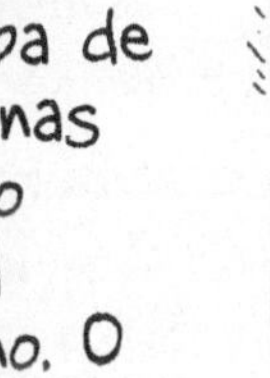

Olímpia foi ao casamento, claro, como centenas de outros convidados de toda a Grécia. Era um acontecimento e tanto, e no início quase todos pareciam estar se divertindo à beça. Mas, na manhã do segundo dia das festanças, uma tragédia se abateu sobre as comemorações:

Macedônia Hoje

AGORA EM TODAS AS BANCAS DA GRÉCIA — EDIÇÃO ESPECIAL — JUNHO DE 336 A.C.

BODAS DE SANGUE

- Rei é mortalmente apunhalado na grande festa de casamento
- Um segurança foi pego

Hoje, a Grécia inteira está em choque devido ao brutal assassinato do rei Filipe da Macedônia. Ele foi atacado cedo esta manhã por um de seus seguranças enquanto comemorava o casamento da filha. Os médicos correram para a cena do crime, mas o rei foi atingido por várias facadas e acredita-se que tenha tido morte instantânea.

Ele participava de um desfile especial quando o ataque ocorreu. O cortejo era aberto pelas estátuas dos doze deuses do Olimpo, enquanto o décimo terceiro — o próprio Filipe — seguia logo atrás. (Um funcionário do palácio negou os boatos de que o rei vinha proclamando ser um deus.)

Foi logo depois que Filipe se juntou à procissão, trajando a túnica branca de cerimônia, que o assassino o atacou.

Um guarda-costas foi detido fugindo do local do crime e executado ali mesmo.

O país está transtornado. O príncipe Alexandre — que passou a noite em consultas com amigos próximos e conselheiros — é o favorito para suceder Filipe.

Momentos depois do ataque

GANHE UM FIM DE SEMANA PARA DOIS EM ATENAS! VEJA NA P. 33.

GRANDES HISTÓRIAS: O ASSASSINATO DO REI FILIPE

Ninguém sabe direito quem esteve por trás do assassinato. O segurança que o matou chamava-se Pausânias. Dizem que tivera uma briga com Filipe, e essa briga teria sido o motivo do crime. Mas também é possível que Pausânias tenha sido pago por outra pessoa para cometê-lo. Eis alguns suspeitos:

Suspeito A: o Grande Rei da Pérsia

Motivo: matar Filipe antes que este pudesse iniciar a invasão.

Suspeito B: Alexandre

Motivo: tornar-se o rei antes de ser descartado em benefício de Carano.

Suspeita C: Olímpia

Motivo: garantir que seu filho se tornasse rei, enquanto Carano ainda era bebê, e vingar-se por ter sido chutada.

Ninguém sabe de fato, mas muitos acham que Olímpia é que estava por trás do assassinato. Ela era uma mulher impiedosa, disposta a tudo para ver seu filho suceder Filipe.

ALEX TOMA POSSE

Pode parecer evidente que Alexandre, então com vinte anos, era a pessoa mais indicada para suceder Filipe, principalmente porque Carano ainda era bebê. Mas nem todo mundo pensava assim. Certas pessoas achavam que o sobrinho de Filipe, Amintas, devia ser o rei, enquanto outras queriam um "guardião" para cuidar do trono até Carano ter idade suficiente para assumi-lo. Mas além de amigos leais, como Hefesto, Alexandre contava com o apoio crucial de duas pessoas: o respeitado conselheiro de Filipe, Antípatro, e seu mais importante general, Parmênio. Com a ajuda deles, o primogênito agiu rápido para garantir o trono para si.

Primeiro, Antípatro apresentou Alexandre ao exército macedônio, que lhe prestou apoio à maneira tradicional.

Então Alex organizou um festival de punições, atingindo todos os que haviam tido alguma ligação com Pausânias, o segurança que foi publicamente incriminado pelo assassinato de seu pai. Primeiro, mandou executar os três filhos dele, apesar de não terem nada a ver com o assunto; depois, mandou matar os cavalos de Pausânias.

Na verdade, Alexandre passou a maior parte do seu primeiro ano de reinado mandando executar seus inimigos ou quem quer que pudesse constituir alguma ameaça a ele. (Entre eles, Átalo, o cara que tinha deixado Alex tiririca no casamento de seu pai, ao declarar que não queria o garoto como rei.) Em breve, Alex ficaria célebre por sua bravura e suas táticas brilhantes, mas seu caráter impiedoso também foi uma das razões do seu sucesso. Ele estava determinado a se apossar de tudo o que seu pai deixara — especialmente quando decidiu promover a invasão da Ásia — e não deixar ninguém atravessar o seu caminho.

Mãos à obra

No entanto, Alex teve de interromper essa caça ao inimigo, porque a morte de Filipe foi seguida de uma onda de revoltas contra a Macedônia por parte do resto da Grécia e entre os vizinhos do norte. Ninguém tinha se dado ainda conta de que Alexandre ia ser bem mais duro do que o pai. Ao contrário, muita gente pensou que sua subida ao trono representava uma oportunidade para se livrarem da dominação macedônia estabelecida no reinado de Filipe.

Diário Secreto do Alexandre
Outubro de 226 a.C.

Faz poucas semanas, quando papai ainda estava vivo, os atenienses se inclinavam até pra trás a fim de agradar a ele.

Mas, assim que souberam da sua morte, anunciaram um dia de comemorações públicas! Hefesto diz que até pediram dinheiro emprestado ao rei da Pérsia para montar uma rebelião contra mim! Mas se acham que vão ter moleza agora que estou no trono, vão ver o que é bom pra tosse.

Alex logo pôs mãos à obra: partiu à frente do exército macedônio pela Grécia afora, sufocando rebeliões a torto e a direito... e ao centro. Com isso mostrou a todos sua capacidade de superar as situações mais difíceis utilizando táticas brilhantes. Eis como ele alcançou seus cinco primeiros sucessos no norte da Grécia...

1. Tessália. Alexandre se aproxima dos líderes tessálios num desfiladeiro bem protegido. Achando que estavam numa posição de força, os tessálios respondem com deboche que poderiam pensar em apoiá-lo se ele pedisse educadamente.

Então Alex mandou o batalhão de engenharia construir uma escada, talhada nas escarpas do desfiladeiro. Os tessálios foram cercados e forçados a aceitar suas condições.

2. Trácia. Os trácios alinham carroças na borda de um desfiladeiro, ameaçando empurrá-las lá do alto em cima de Alexandre e seus homens, e assim esmagá-los. Alexandre manda seus soldados deitarem no chão, sob seus escudos; as carroças caem, mas não os machucam (muito). O exército toma o desfiladeiro e derrota os trácios.

3. Tribalos. Os tribalos ocupavam um vale coberto de florestas, à beira de um rio, o que lhes colocava em boa posição defensiva.

Alexandre escondeu o grosso do seu exército e mandou como isca uma pequena tropa de arqueiros e fundeiros. (Fundeiros? É. Ou prefere fundibulários? São os soldados cuja arma era a funda, aquela espécie de atiradeira com que Davi derrotou Golias.) Os tribalos saíram da sua posição para atacá-los, aí o resto do exército entrou em cena e liquidou-os.

4. Os getas. Nômades, eles tinham se concentrado aos milhares, esperando Alexandre à margem do rio Danúbio.

Alexandre mandou seus homens construírem canoas escavadas em troncos de árvore e jangadas feitas com tendas enroladas e recheadas de palha. Nelas, 6 mil homens e 1 500 cavalos atravessaram o Danúbio de noite e puseram os nômades aterrorizados para correr.

5. Ilíria. As tribos ilírias haviam ocupado umas montanhas em torno de onde estavam Alexandre e seu exército, encurralando-os. Alexandre mandou seus soldados cerrarem fileiras (isto é, ficar juntinhos uns dos outros) e os fez executar assim, empunhando suas sarissas, um exercício de ordem-unida. Na mais total disciplina e em absoluto silêncio, os soldados ergueram as sarissas na vertical, em posição de saudação, depois abaixaram-nas para a posição de combate.

Os ilírios ficaram fascinados com a exibição e — como que hipnotizados — se aproximaram pouco a pouco. A um sinal de Alexandre, previamente combinado, sua cavalaria soltou o aterrorizante grito de guerra macedônio e atacou a galope.

Os ilírios largaram suas armas e se escafederam...

Alex também marchou contra Corinto, onde forçou os Estados gregos a fazer três coisas:

1. Restaurar a liga criada por seu pai.
2. Jurar lealdade a ele, Alex.
3. Concordar em levar adiante os planos de atacar o império persa idealizados por Filipe.

Grandes histórias: Diógenes

Enquanto esteve em Corinto, Alex teve tempo para conhecer as atrações turísticas da cidade, e entre as mais célebres estava o famoso filósofo conhecido como Diógenes, o Cínico. Ele recebeu esse apelido (que, em grego, significava "Diógenes, o Cachorro") por ter decidido renunciar ao mundo dos homens e viver como um animal, ou seja, fundamentalmente ficar deitado ao sol sem fazer nada. Ele acreditava que se deve viver da maneira mais simples possível, sem dinheiro, bens e outras complicações. Resumindo, era uma espécie de hippie grego, que sobrevivia pedindo favores. Quando Alexandre o encontrou, ele morava na rua, dentro de um grande barril velho.

Foi assim que aconteceu...

Para sorte do filósofo, Alex estava bem-humorado naquele dia e não se zangou. Na verdade, gostou tanto da réplica de Diógenes que fez saber que, se pudesse ser outra pessoa no mundo, salvo Alexandre mesmo, gostaria de ser Diógenes!

Invencível Alex

No caminho de volta a Corinto, Alexandre também arranjou tempo para uma paradinha em Delfos, a fim de consultar o célebre oráculo.

GRANDES TEMPOS: ORÁCULOS

Os oráculos eram templos especiais aonde os gregos iam para pedir conselho aos deuses, muitas vezes sobre projetos futuros. Consultar um oráculo era mais ou menos como consultar um astrólogo ou um adivinho. Havia vários oráculos espalhados pela Grécia, porém o mais famoso era o oráculo de Apolo — o deus da profecia (a visão do futuro) —, em Delfos.

Ao visitar um oráculo, você geralmente entrava num local reservado do santuário, para fazer a sua pergunta na intimidade. A resposta podia vir na forma do murmúrio de uma fonte ou do farfalhar de uma árvore. Em Delfos, Apolo falava por intermédio de uma mulher conhecida como pítia ou pitonisa, que berrava e gemia em transe. Os sacerdotes responsáveis pelo templo traduziam então as "respostas", mediante o pagamento de uma taxa.

Alexandre queria indagar o oráculo sobre a sua iminente aventura persa, esperando obter um sinal positivo dos deuses antes de iniciá-la. Mas o oráculo de Delfos só funcionava no verão, e Alex apareceu por lá em pleno inverno. De modo que ele foi direto à casa da pitonisa e tentou arrastá-la à força para o templo. A pobre mulher resistiu o quanto pôde, mas Alexandre persistiu e, vendo que não ia levar a melhor, a coitada berrou:

Ela queria apenas dizer que ele era mais forte do que ela e que ela não tinha como lhe opor resistência. Mas Alexandre preferiu levar as palavras ao pé da letra, como predição oficial do próprio oráculo!

Obrigado, mamãe

No cômputo geral, as coisas pareciam correr bem para o Alex, mas ele se mostrava preocupado com o que acontecia em Pela enquanto estava longe da corte. Para sua sorte, Olímpia ficara por lá, cuidando das coisas para ele.

Outubro de 335 a.C.

Querido Alex,
Não se preocupe, meu amor, pode dormir sossegado esta noite. Mandei matar o pequeno Carano... e a irmã e a mãe dele também. (É como eu sempre digo: seguro morreu de velho.) De modo que agora você pode se concentrar no que é importante: massacrar todos esses rebeldes.
Milhões de beijos e todo o meu amor para o meu garotinho querido,
Mamãe

Não há dúvida de que Olímpia adorou se vingar daquela mulher que a substituíra no afeto de Filipe, mas a crueldade dos assassinatos chocou muita gente — inclusive, segundo algumas fontes, o próprio Alexandre.

Diário Secreto do Alexandre
Outubro de 335 a.C.

Estou sentindo uma certa náusea, pra dizer a verdade. Claro, com Carano fora do caminho, as coisas ficam muito mais fáceis para mim. Mas será que mamãe precisava mesmo ser tão... hã... cuidadosa? Bem, acho que mamãe sabe o que faz.

Alex mostra quem manda

Apesar do acordo com Corinto, Alexandre logo enfrentou outra rebelião. Dessa vez, a encrenca veio de Tebas, a velha cidade das sete portas, que Filipe havia tentado controlar. Acreditando que Alexandre estava ocupado com rebeliões no norte, os tebanos resolveram arriscar e proclamar sua independência da Liga Corintiana, digo, Coríntia. Todos que se opunham à dominação macedônia apoiavam secretamente a rebelião tebana, e em pouco tempo a cidade recebia armas de Atenas e ouro do rei da Pérsia.

Alex sabia que precisava agir rápida e decisivamente. Marchou então quatrocentos quilômetros com seu exército pelo território montanhoso que o separava da cidade, e em exatos treze dias estava diante dos muros de Tebas. Foi uma tremenda surpresa para os tebanos, que achavam que ele ia levar um mês no mínimo. Alex lançou seu ultimato:

Isso bastou para deixar Alexandre fulo da vida e selou a sorte da cidade. O exército de Alex sitiou Tebas e, depois de um longo cerco, finalmente irrompeu pelas brechas que abriu nas muralhas da cidade, levando o pânico às ruas, tingindo-as de sangue. Tebas era uma das mais importantes cidades históricas da Grécia, mas Alex não deixou de pé praticamente nenhuma das suas construções. Milhares de soldados tebanos foram mortos e outros milhares de civis vendidos como escravos. Só para mostrar às outras cidades o que aconteceria com os que se rebelassem contra ele, Alex simplesmente varreu Tebas da face da terra.

A tática brutal de Alex certamente surtiu efeito, porque na mesma hora as outras cidades-Estado da Grécia ficaram muito mais dispostas a cooperar...

Outubro de 335 a.C.

Querido Alexandre, sábio e justo rei da Macedônia, nós, povo ateniense, gostaríamos de lhe dizer que ficamos muito felizes ao saber que você voltou são e salvo do norte. Gostaríamos de dizer que aprovamos cem por cento o merecido castigo que você deu naqueles tebanos nojentos. (Sempre achamos que um dia iam acabar pagando caro por seu atrevimento — o deles, queremos dizer.) E gostaríamos de lhe dizer que pode contar com nosso apoio para a invasão da Ásia que você programou.

Longa vida para você e... hã... tudo de bom.

Todo mundo em Atenas te manda um abração.

A caminho de Pela, Alexandre pôde respirar aliviado. Ele havia mostrado às tribos revoltosas do norte quem é que mandava no pedaço e convencido, pelo terror, as cidades--Estado gregas a colaborar com ele. Agora podia continuar a partir do ponto em que seu pai havia parado.

Diário Secreto do Alexandre

Outubro de 335 a.C.

Que soldado e estadista brilhante eu sou! Pra comemorar, vou dar uma senhora festa em homenagem a Zeus, com um megabanquete na minha tenda. Vou até poder desenferrujar minha lira.

E em minha homenagem, vou mandar cunhar uma nova moeda. Ela vai ter minha cara linda e maravilhosa de um lado e um caprichado retrato do Héracles do outro. Assim, as pessoas vão se lembrar de mim cada vez que forem comprar pão no mercado.

Mal posso esperar o dia de marchar sobre a Ásia. Tudo o que fiz até agora não é nada comparado com a fama e a glória que vou conquistar por lá.

A GRANDE EXPEDIÇÃO

Agora que tinha garantida a sua posição, Alex não demoraria muito para organizar uma força de invasão. Claro, já havia alguns milhares de soldados macedônios na Ásia Menor, enviados por Filipe para preparar o caminho. O exército principal de Alex logo se juntaria a eles. Esse exército era formado mais ou menos assim:

A força expedicionária de Alexandre

30 MIL SOLDADOS DE INFANTARIA
5300 SOLDADOS DE CAVALARIA
CENTENAS DE ARQUITETOS E ENGENHEIROS, PARA CONSTRUIR TÚNEIS, ESTRADAS E PONTES.
DÚZIAS DE GEÓGRAFOS, ASTRÔNOMOS, ZOÓLOGOS E BOTÂNICOS, PARA ESTUDAR TODAS AS NOVIDADES.
DEPTO. DE MARKETING: HISTORIADORES E POETAS, PAGOS PARA ESCREVER SOBRE AS FAÇANHAS DE ALEX.
JÁ ESTAMOS CHEGANDO?
BAGAGEM
PARMÊNIO: UM DOS MAIS FIÉIS GENERAIS DE FILIPE, AINDA NA ATIVA AOS 66 ANOS.
CALÍSTENES: SOBRINHO DE ARISTÓTELES E HISTORIADOR "OFICIAL" DA EXPEDIÇÃO.
ARISTANDRO: ADIVINHO PESSOAL DE ALEX, PARA INTERPRETAR SINAIS E PREVER O FUTURO.

Como seu pai, Alex gostava de contar para todo mundo que ia invadir a Ásia com um vasto exército "grego", mas na realidade noventa por cento eram macedônios. E, embora a maioria dos gregos *dissesse* apoiar Alexandre, muitos Estados na verdade esperavam sua ausência da Grécia como uma oportunidade para deflagrar uma rebelião. Para prevenir-se, Alexandre escolheu seu conselheiro de confiança, Antípatro, para cuidar da Macedônia durante a sua ausência, e deixou com ele cerca de metade do exército macedônio, caso precisasse usar a força contra Estados gregos sublevados. Ia bem a unidade grega, hein?

GRANDES TEMPOS: OS MERCENÁRIOS GREGOS

Apesar da conversa de uma guerra grega contra o império persa, alguns gregos tinham se alistado no exército persa para combater como mercenários. Mercenários são soldados que lutam unicamente por dinheiro e topam combater a favor de qualquer outro país — inclusive defender o "inimigo" — em troca de uma graninha. A fabulosa riqueza do Grande Rei atraiu milhares de soldados gregos para os seus exércitos, a tal ponto que havia mais gregos não macedônios no exército persa do que no tal exército grego!

Haja sacrifício!

Na primavera de 334 a.C., o vasto exército do Alex partiu para a Trácia e de lá foi para o Helesponto, na extremidade do império persa, o ponto mais próximo entre a Europa e a costa da Ásia Menor.

Ali Alexandre enfiou todo o seu exército em cerca de cem navios gigantes e, depois de oferecer sacrifícios aos deuses, a fim de ter uma viagem tranquila, içou velas e zarpou.

Primavera de 334 a.C.

Mãezinha querida,

É o máximo! Lá vou eu, comandante dos gregos, à frente de um exército poderoso contra o Império do Mal. Exatamente o que eu sempre sonhei, e mais do que papai conseguiu! Agora eu sei como Aquiles deve ter se sentido quando zarpou para as planícies ventosas de Troia. Assim que desembarcar, vou oferecer um sacrifício a Protesilau. Segundo Homero, ele foi o primeiro soldado grego morto na guerra contra os troianos. Espero que os deuses me reservem sorte melhor!

Do seu filho que te adora,
e procura ser sempre o melhor!
bjs, bjs,
Alex

Quando estava na metade da travessia, Alex também sacrificou um boi a Posêidon, deus do mar. (Não se esqueçam de que ele nadava muito mal e sabia que um homem prevenido vale por dois.) Depois, quando chegaram ao litoral da Ásia Menor, postou-se na proa do seu navio e atirou sua lança na areia da praia, dizendo aos deuses que estava feliz por receber deles toda a Ásia, como se fosse "um prêmio por lançamento de dardo". Depois, feito o prometido sacrifício a Protesilau, ergueu nas areias altares dedicados a seu herói, Héracles, e aos deuses Atena e Zeus.

Em seguida fez uma peregrinação à antiga cidade de Troia, que àquela altura estava reduzida a um amontoado de ruínas. Em Troia, ele e Hefesto ofereceram mais sacrifícios nos túmulos de Aquiles e do seu leal amigo, Pátroclo. Para homenagear esses heróis gregos, os dois também competiram numa corrida em volta dos túmulos, nus em pelo.

Consumados esses rituais para obter a proteção de deuses e heróis, era a vez de marchar para o leste e enfrentar os inimigos.

Combate no Granico

Enquanto isso, na Babilônia, coração do império persa, Dario III — o tal Grande Rei — tratava de decidir o que fazer. Entre seus principais oficiais estava Mêmnon de Rodes, um brilhante general grego que abandonara o rei Filipe alguns anos antes e passara para o lado dos persas, a fim de guerrear como mercenário...

Por fim, os persas decidiram enfrentar Alexandre antes que ele avançasse país adentro, mas Dario preferiu ficar na Babilônia por ora.

Em maio, os inimigos finalmente se encontraram, à margem do rio Granico.

Os oficiais mais velhos de Alexandre — em particular Parmênio — estavam cautelosos. Eram experientes e sabiam muito bem quando tinham diante de si uma armadilha mortal. Os persas possuíam a vantagem de estar num terreno mais elevado e seguramente esperariam Alexandre fazer o primeiro movimento. Seria difícil atravessar o rio, por causa da sua correnteza, e era impossível subir a barranqueira lamacenta da margem oposta. Sem sombra de dúvida, os macedônios iam ser cortados em pedacinhos.

Mas ninguém derrotava Alexandre assim facilmente.

GRANDES HISTÓRIAS: ALEXANDRE E O CALENDÁRIO

Conta-se que alguns dos oficiais do Alex vieram com a conversa de que os macedônios não costumavam combater no mês de maio, por motivos religiosos. Alex respondeu que havia usado seu poder real para mudar o calendário, de modo que não estavam mais em maio!

No fim das contas, os oficiais conseguiram convencer Alexandre a evitar um ataque direto atravessando o rio. Em vez disso, esperaram a noite cair, deixaram as fogueiras do acampamento acesas para tapear os persas e, protegidos pela escuridão, desceram o rio até um ponto mais favorável à travessia.

Quando amanheceu, Alexandre deu o sinal, e seu exército atravessou o rio, com ele e Bucéfalo à frente. Como Mêmnon havia predito, os persas não eram adversários para os macedônios numa batalha frontal, e Alexandre logo alcançava sua primeira grande vitória na Ásia.

Começo do verão de 334 a.C.

Mãezinha querida,

Hoje foi um grande dia! Combate corpo a corpo, confusão generalizada, uma pequena carnificina. E, claro, eu estava bem no meio da refrega. Imagine só, teve uma hora que eu perdi o equilíbrio e caí do Bucéfalo. Um persa ia dar cabo de mim, mas meu amigo Cleito chegou no momento exato e salvou a pátria, isto é, eu. Entre os prisioneiros que capturamos havia 2 mil mercenários gregos. Vou mandá-los de volta para aí, pra servirem de escravos e aprenderem a não se aliar com o inimigo. Também capturamos um montão de coisas valiosas dos persas. Vou despachar tudo para Atenas, com um bilhetinho: "Alexandre manda esse butim tomado dos bárbaros que vivem na Ásia". Isso vai provar a eles como eu sou genial.

Do seu filho que te adora, e procura ser sempre o melhor!

bjs, bjs,

Alex

Pouco depois, Alexandre conduzia seus homens mais a leste, "libertando" várias cidades da Ásia Menor. Cada vez que seu exército passava por uma localidade importante, ele deixava uma guarnição, de modo que ficasse claro para todos quem mandava ali. Também substituía os governantes persas do lugar — representantes do Grande Rei, conhecidos como sátrapas — por oficiais macedônios.

Diário Secreto do Alexandre
Junho de 334 a.C.

A única coisa que me deixa incomodado é a frota persa, que foi avistada ao largo da Ásia Menor. Ela é muito maior que a nossa e é comandada por aquele diabo velho do Mêmnon de Rodes. Acho que a gente não teria chance numa batalha naval.
Por sorte, eu tive uma ideia genial. De onde tiro ideias tão geniais? Em vez de combater a frota persa no mar, vou combatê-la na terra! (Nunca fui mesmo muito ligado aos esportes aquáticos...) É só tomar com meu exército todas as baías ao longo da costa da Ásia Menor — vai levar mais ou menos um ano. Então a frota persa não vai ter onde se abastecer e será forçada a se render.

> Estou mandando minha esquadra de volta. Não vou mais precisar dos meus navios, e meu exército vai lutar melhor se souber que não tem mais como voltar para casa.

Muitas cidades litorâneas se renderam aos macedônios sem combater, mas outras trancaram os portões e resistiram. Entre elas, estava Halicarnasso, aonde Mêmnon de Rodes chegou pelo mar, com a esquadra persa. O cerco de Halicarnasso por Alexandre durou semanas, mas ele acabou capturando a cidade com a ajuda de uma rainha daquelas bandas, chamada Ada, que se encantou por ele e deu-lhe todo o seu apoio. Os dois juntos forçaram Mêmnon a evacuar a cidade por mar (depois de queimar quase toda a cidade) e Alex instalou Ada no trono, reinando em seu nome. (Ela ficou tão agradecida que até o tornou seu filho adotivo.)

Mêmnon estava preparando a armada persa para um ataque de desforra contra a própria Grécia, o que teria causado uma série de problemas para Alexandre. Mas bem quando Alex começava a achar que talvez tivesse errado ao mandar sua esquadra de volta, ouviu dizer que Mêmnon ficara doente e morrera de repente de uma febre. Resultado: os persas engavetaram seus planos de invadir a Grécia. Foi a maior sorte para o Alex, que moveu então seu exército para o leste, cada vez mais convicto de que o destino estava a seu favor.

GRANDES HISTÓRIAS: O NÓ GÓRDIO

Outro bom presságio veio de um lugar chamado Górdio, onde Alex encontrou a primeira leva de reforços mandados de casa. Uma das atrações turísticas locais era uma antiga carroça que se dizia ter pertencido ao lendário rei Midas. (Ele era o ávido rei da mitologia grega que transformava em ouro tudo o que tocava.) A junta do carro era amarrada com um enorme e complicado nó; segundo uma profecia feita por um oráculo local, a pessoa que fosse capaz de desatar o nó estava destinada a ser o "Senhor de Toda a Ásia".

Bem, esse era o tipo de coisa a que Alexandre não resistia. Estava sempre querendo se pôr à prova em toda espécie de competição e adorava tudo o que tinha a ver com as lendas antigas. Além do mais, estava decidido a mostrar a todos que merecia reinar sobre toda a Ásia, de modo que dificilmente podia fugir de um desafio como esse.

Mas o nó daquela corda grossa era muito apertado, com um montão de nós extras. Muita gente tentou desatá-los, em vão. Será que Alexandre teria paciência e habilidade para ter sucesso no que outros fracassaram?

No fim das contas, ele se viu obrigado a resolver o problema a seu modo...

Pode não ter sido o que o oráculo pensava, mas que o nó se desfez, se desfez... Em todo caso, Alexandre espalhava pelos quatro cantos que tinha realizado a profecia!

Frente a frente finalmente

Enquanto Alexandre conduzia suas tropas para o leste a fim de enfrentar Dario e os persas, o Grande Rei, por sua vez, marchava para oeste. Moral da história: os dois exércitos acabaram não se encontrando.

Os primeiros macedônios com que Dario topou foram os doentes e feridos, deixados para trás num acampamento temporário, e o rei persa logo bolou um jeito sinistro de utilizá-

-los. Começou mandando cortar as mãos deles, para que nunca mais pudessem combater; depois ofereceu-lhes um giro turístico pelo exército persa, levando-os a contemplar em particular a sua temível cavalaria iraniana, trazida especialmente para a batalha; por fim, mandou-os ao encontro de Alexandre, para lhe contarem o que tinham visto.

Quando os coitados dos prisioneiros macedônios alcançaram o seu exército, encontraram-no num estado deplorável. Os combatentes de Alexandre haviam marchado mais de cem quilômetros em dois dias, só para descobrir que os homens de Dario tinham passado direto e agora estavam numa ótima posição defensiva, bem atrás deles. Os persas haviam conseguido cortar as linhas de abastecimento do Alex, enquanto os macedônios haviam sido pegos por uma chuva torrencial e estavam ensopados e exaustos. Quando viram o que Dario tinha feito com seus companheiros e ouviram as vivas descrições em primeira mão das forças persas, nem é preciso dizer que tremeram de medo.

Alexandre precisava achar logo algumas boas palavras de encorajamento...

Graças aos macetes de retórica que havia aprendido na escola, Alex conseguiu animar a tropa e preparar seus soldados para mais uma batalha.

A ação pode ter sido relatada assim na Macedônia...

Macedônia Hoje

Agora em todas as bancas da Grécia e da Ásia Menor

novembro de 333 a.C.

O GRANDE REI EM GRANDE FUGA

mais uma grande vitória dos gregos

Reportagem especial do nosso correspondente de guerra, viajando a convite das forças gregas

Raia o dia, e o poderoso exército persa está à espera. Ao longo da frente de batalha de cinco quilômetros, soldados agacham detrás de fileiras de estacas pontudas erguidas na margem extrema do rio Pinaro. No centro das linhas persas está o poderoso rei Dario em pessoa, em cima do seu carro de ouro, cercado por sua guarda, formada pela elite das tropas iranianas.

Enquanto isso, nosso Grande Rei cavalga de ponta a ponta as linhas macedônias em seu fiel cavalo Bucéfalo, posicionando as tropas da forma mais eficiente.

7h23. De repente, uma formidável chuva de flechas persas escurece o céu acima do campo de batalha. Em resposta, Alexandre conduz sua cavalaria, atravessando o rio a galope numa carga que dispersou os arqueiros persas.
7h29. Apesar de obstaculizada pelas fileiras de estacas, a cavalaria macedônia consegue subir a margem extrema do rio. Decidido a enfrentar Dario cara a cara, nosso grande líder vira sua cavalaria e penetra as linhas persas em direção ao rei.
8h17. Na carnificina do combate corpo a corpo e com Alexandre a apenas alguns metros, os cavalos do carro de Dario se assustam e o próprio Grande Rei entra em pânico. Dario acaba abandonando o carro real e foge a cavalo, deixando cair seu manto, seu escudo e seu arco.

Esta noite, quando o sol se põe sobre outra grande vitória nossa, Alexandre está um passo mais próximo de ser o novo Rei da Ásia.

Pode parecer que Dario fez feio ao sair fugindo dessa maneira, mas ele sabia que o mais importante era permanecer vivo, a fim de reorganizar seu exército e combater Alexandre futuramente. E, enquanto ele estivesse vivo, Alexandre não podia se dizer rei da Ásia, por mais territórios que conquistasse.

No entanto, a fuga de Dario deu a Alex um gostinho da vida boa que ele tinha a conquistar, porque, quando os macedônios invadiram o acampamento dos persas, descobriram que estava repleto de ouro, prata, armas e suntuosas tapeçarias orientais. Quando chegou, Alex resolveu lavar a lama da batalha na própria banheira do Grande Rei! Depois de tomar banho, vestiu o esplêndido roupão de Dario (é bem possível que tenha precisado arregaçar um pouco as mangas) e entrou na tenda real, iluminada com archotes. Alexandre mandou colocar todo o ouro persa encontrado diante de si, depois refestelou-se no divã real para desfrutar de um lauto banquete. Dirigindo-se a seus convivas, ele disse:

TIRO E QUEDA

Alex ainda estava jantando depois da batalha de Isso, quando ouviu de repente o som de choros e gritos vindos de uma tenda próxima. Saiu para ver de que se tratava e descobriu que, entre as pessoas capturadas, estava a família de Dario, inclusive sua esposa, sua mãe e seus filhos. Eles choravam porque tinham visto o carro de Dario vazio e achavam que o rei havia morrido.

Para sorte dos familiares, Alex sabia que seria mais respeitado se os tratasse bem. Disse-lhes que Dario estava vivo e mandou seus homens cuidarem deles como se fossem da sua própria família. Aliás, Alex até chamou a mãe de Dario, Sisigambis, de "mamãe"!

GRANDES HISTÓRIAS: SISIGAMBIS

Conta-se que Sisigambis de início confundiu Hefesto com Alex e se inclinou diante dele. Houve um mal-estar, que Alex desfez dizendo: "Não se incomode, mamãe. Ele também é Alexandre". O que queria dizer que Hefesto — que deve ter ido às nuvens — era não só seu melhor amigo, mas praticamente um igual.

Não demorou muito para Alex receber uma carta de Dario, que estava louco para fazer um trato:

Janeiro de 332 a.C.

Caro Alexandre,

Está bem, você venceu em Isso. Mas agora estou organizando um exército ainda maior e da próxima vez não vai ser tão fácil assim.

O caso é o seguinte: tenho toneladas de ouro e pago quanto você quiser para ter minha família de volta. Fora isso, deixo você ficar com todo o território que conquistou, desde que me prometa que não vai querer conquistar outros.

O que você me diz?

Cordialmente,

Dario

Parecia uma proposta mais que razoável, e Alex temeu que seus homens a aceitassem. Só que ele não queria viver lado a lado com Dario: queria é *tomar o lugar dele*, como Rei e Senhor de *Toda* a Ásia. De modo que, diz uma lenda, ele decidiu não falar a seus homens da carta. Fez mais: forjou outra, em que Dario se mostrava muito menos razoável! Incentivado por seus homens, Alex mandou então uma resposta ríspida a Dario, deixando bem claro quem é que mandava no pedaço:

Janeiro de 332 a.C.

Caro Dario,

Como você ousa me escrever nesse tom? Lembre que o Grande aqui sou eu, muito maior do que você jamais será, e que tudo o que você possui já é meu. Você fala em territórios? Pois você perdeu muito mais em Isso... De modo que, se quiser alguma coisa de mim, vai ter de lutar por ela feito homem (se é que você é capaz disso, o que não pareceu).

Cordialmente,

Alexandre

GRANDES HISTÓRIAS: O QUERIDINHO

Conta-se ainda que Dario acusou Alex de não passar de um garotinho malcriado e aconselhou-o a ir para casa sentar-se no colo da mamãe, de onde nunca deveria ter saído! Para ter certeza de que Alex tinha entendido o recado, até mandou de presente para ele uma bola e um chicotinho de brinquedo!

O caminho das pedras

Apesar de toda a autoconfiança, Alexandre ainda tinha muito a fazer quando marchou de Isso para o sul. Para ter o controle completo do litoral conhecido como Fenícia (atual Israel), tinha de cuidar de vários portos que proporcionavam abrigo e suprimentos para a frota persa, que ainda ameaçava cortar as linhas de abastecimento dele. O ponto mais importante a ser conquistado era a cidade fortificada de Tiro.

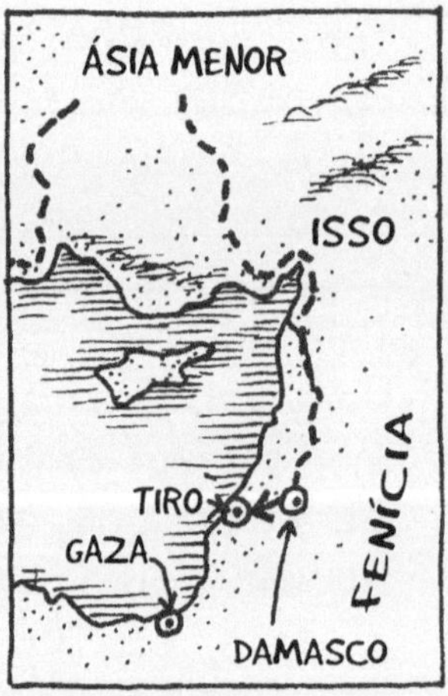

A parte principal de Tiro (conhecida como Cidade Nova) era rodeada por muralhas maciças e se situava numa ilhazinha a mil metros da costa, onde ficava a Cidade Velha. Como Alexandre não tinha mais frota, nem catapultas eficazes daquela distância, a situação parecia impossível. Mas ele logo bolou um plano.

Junto com milhares de moradores do lugar, arregimentados para dar uma mão, os soldados macedônios logo começaram a trabalhar duro. De seu lado, Alexandre ajudava... gritando palavras de incentivo e distribuindo recompensas.

Enquanto isso, o povo da Nova Tiro encarava aquela movimentação toda como uma jogada que nunca daria certo. Chegavam inclusive a ir de bote até as obras só para debochar dos homens do Alex.

Mas, passadas algumas semanas, quando ficou claro que os macedônios estavam progredindo, mudaram de atitude. No momento em que o caminho chegou à metade do canal, começou uma luta mortal entre os dois lados.

1. *Os tírios enviaram oito navios lotados de arqueiros, fundeiros (ver página 51) e catapultas. Os homens de Alexandre, que não usavam armadura ao trabalhar, sofreram pesadas baixas.*

2. *Ao longo do caminho, Alexandre colocou telões de proteção feitos de couro e pano.*

3. Fez também seus homens construírem duas enormes torres de madeira, do alto das quais os arqueiros podiam disparar contra as naus tírias.

4. Os tírios encheram uma enorme nau com lenha e piche líquido. Nas traves dos dois mastros da nau penduraram caldeirões de óleo em chamas. Enviaram a nau contra as torres de Alexandre.

5. As duas torres pegaram fogo, enquanto de naus próximas os arqueiros tírios flechavam os macedônios.

6. Os comandos tírios desembarcaram no aterro dos macedônios, tocaram fogo em tudo e mataram todos os que encontraram pela frente.

A essa altura, Alexandre teve a maior sorte. E precisava! Várias cidades vizinhas resolveram se render ao exército macedônio e ofereceram seus navios a Alexandre. Agora, ele podia proteger os homens que trabalhavam na construção com uma linha defensiva de navios, e o aterro logo se aproximou das imponentes muralhas da cidade.

CATAPULTAS MONTADAS EM NAVIOS PARA ARREMESSAR PEDRAS
TORRE DE ASSALTO DE 30 METROS
CALDEIRÕES DE AREIA FERVENDO PARA ARREMESSAR NO INIMIGO
COURO DE ANIMAIS USADO PARA SE DEFENDER DE PROJÉTEIS
ATERRO DE ALEXANDRE
CASCALHO JOGADO PARA DIFICULTAR A AÇÃO DOS ARÍETES FLUTUANTES

ARÍETE
SUSPENSO
ENTRE DUAS
EMBARCAÇÕES

Finalmente, após uma luta longa e feroz, os homens de Alexandre conseguiram fazer um rombo nas muralhas. Abriram caminho através de uma chuva de telhas atiradas pelos civis desesperados e, ao fim de um cerco que durou sete longos meses, tomaram a cidade.

Agosto de 332 a.C.

Mãezinha querida,
Sabe da maior? Tiro caiu! E nas minhas mãos! Tinha certeza de que ia bolar um jeito de tomá-la. Nos matamos de trabalhar, mas deu certo. Agora os homens estão mortos de felicidade e já esqueceram a dureza que foi. Vou comemorar minha brilhante vitória com muita comilança, procissões à luz de vela e tudo a que tenho direito. Vai ter corridas, jogos públicos e, quem sabe, até mesmo um concurso de lira. Ah, vou dedicar a Héracles o aríete que tanto me ajudou na queda de Tiro.

Viva eu!
Do seu filho genial,
que procura ser
sempre...
bjs, bjs,
Alex

A tomada de Tiro foi um feito incrível, e o caminho que os homens de Alexandre construíram no mar nunca foi destruído. (Aliás, a atual cidade de Tiro se ergue hoje sobre esse aterro, firmemente ligada ao continente.) Mas, como fizera em Tebas, para que outras cidades não tivessem a ideia de resistir, Alex promoveu um terrível massacre. Dois mil soldados tírios foram executados e milhares de civis também foram mortos ou vendidos como escravos.

A TERRA DOS FARAÓS (E ALÉM)

Agora que as cidades litorâneas da Fenícia estavam dominadas, Alexandre podia mirar no seu novo alvo: o Egito. A antiquíssima terra das pirâmides e dos faraós (para não falar nas múmias!) fascinou Alexandre desde o dia em que, ainda garoto, leu sobre ela. Ele estava decidido a torná-la parte do seu reino, de modo que conduziu seu exército numa marcha forçada de duzentos quilômetros para o sul, em direção ao delta do Nilo.

Por sorte, Alexandre não precisou travar nenhum combate no Egito porque seus habitantes o receberam como um libertador. O Egito havia sido, em outros tempos, uma civilização orgulhosa e independente, com uma religião própria. Mas nos últimos duzentos anos fora dominado pelos persas, que tinham uma religião própria. Assim, quando

Alexandre chegou e anunciou que vinha libertar os egípcios da opressão persa, foi tratado como um herói.

Novembro de 332 a.C.

Mãezinha querida,
Sabe da maior? Os egípcios resolveram me proclamar "faraó", isto é, rei de todo o Egito. E tem mais: eles acreditam que o faraó é filho do deus-Sol, Rá, de modo que me tratam não só como rei, mas também como deus. Não pense que estou fazendo faraófa! (Sacou?)
Todo mundo me chama de coisas como "rei do norte e do sul", "filho do Sol" e até mesmo de "deus dos deuses". Pra dizer a verdade, faz sentido. Afinal de contas, você sempre disse que corria sangue divino nas minhas veias. E eu sempre soube que sou o máximo.
Em todo caso, eu e Hefesto conversamos e decidimos que devo procurar agir como um faraó de verdade. Por isso, ontem mandei restaurar dois velhos templos e ofereci sacrifícios públicos a vários deuses egípcios — que, aliás, têm uns nomes bem engraçados. Também

organizei umas competições atléticas bem à moda grega, para deixar meu pessoal contente.

bjs, bjs,

Alex

P.S. Você ia adorar isto aqui: tem cobra de montão!

Uma pergunta cretina

Enquanto estava no Egito, Alexandre resolveu dedicar umas semanas a uma importante missão. Reuniu um grupo seleto de soldados e partiu rumo ao oeste, numa cavalgada de quinhentos quilômetros pela fornalha do deserto africano, para visitar uma cidadezinha chamada Siwah. O que ele foi fazer lá? Uma pergunta importantíssima ao celebérrimo oráculo de Siwah!

GRANDES TEMPOS: UM ORÁCULO GREGO NO EGITO?

Embora os oráculos fossem principalmente uma coisa grega, havia uns poucos deles espalhados pelas áreas próximas do velho mundo, inclusive o Egito. O de Siwah era o oráculo do deus Zeus-Amon, uma fusão de dois importantes deuses, um grego e um egípcio.

Ninguém sabe direito que pergunta Alexandre queria fazer ao oráculo, mas devia ser muito importante, para o fazer viajar a um fim de mundo daqueles. A maioria das pessoas acha que Alex provavelmente queria saber se ele era mesmo um deus, e não somente um simples mortal como o resto de nós. Só temos certeza de uma coisa: ele saiu de lá com uma cara ótima, logo o sacerdote deve ter sido esperto o bastante para dizer a Alex exatamente o que ele queria ouvir.

Quando voltou para a civilização, Alex estava esbanjando confiança em si...

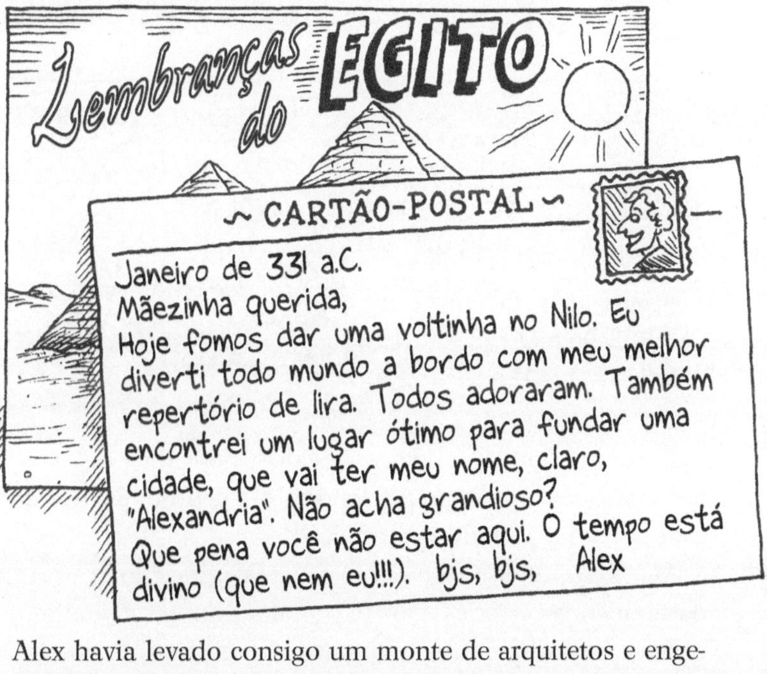

Alex havia levado consigo um monte de arquitetos e engenheiros, mas diz uma história que não demorou muito e ele já estava determinando como devia ser a cidade:

Alexandre fundaria dúzias de cidades por toda a Ásia, e todas elas se chamariam Alexandria! (Já pensou que dor de cabeça para o coitado do carteiro?)

Mas a Alexandria egípcia era a sua favorita, e logo se tornaria uma das cidades mais importantes do mundo antigo, onde a charmosa rainha Cleópatra (descendente de um dos generais de Alexandre) viveria dias de esplendor. Ainda hoje, mais de 2 mil anos passados, Alexandria continua sendo a segunda cidade do Egito (a primeira é Cairo) e tendo o apelido de "Pérola do Mediterrâneo".

Lance final

Logo Alexandre estava preparado para sair com seu exército do Egito, rumo a novas conquistas a leste e a um confronto final com Dario. Como sempre, manteve uma guarnição de soldados macedônios por lá, feliz por ter deixado a direção do país quase toda nas mãos dos próprios egípcios. Ao contrário de outras partes do seu enorme reino, Alexandre teria poucos problemas por lá nos anos a seguir.

Enquanto Alexandria estava sendo construída, os macedônios marcharam de volta ao litoral do Mediterrâneo e daí para nordeste, rumo à atual Síria e às grandes planícies da Mesopotâmia.

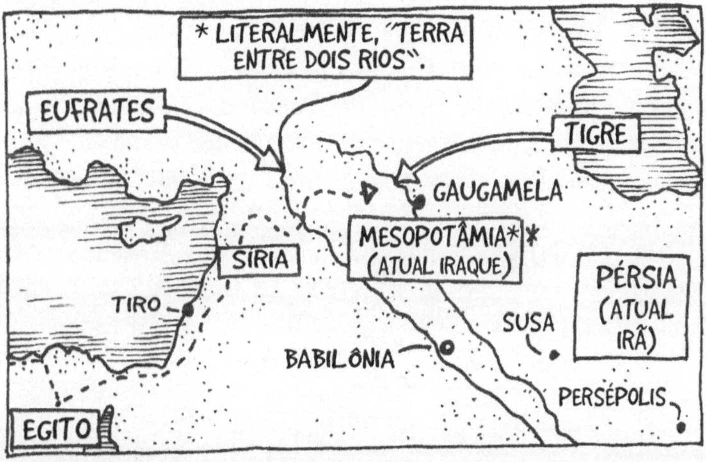

O novo objetivo de Alexandre eram as grandes cidades no centro do império persa, cidades cujos nomes exóticos o cativaram em criança: Babilônia, Susa, Persépolis e Pasárgada.

> **Diário Secreto do Alexandre**
> **Primavera de 331 a.C.**
>
> Tenho certeza de que Hefesto e os outros homens não teriam se incomodado em ficar no Egito e pintar e bordar com as garotas de lá, mas vão ter tempo de sobra para isso mais tarde. Não fiz essa viagem toda pra vir me divertir aqui, enquanto Dario fica na Babilônia se gabando de ser o "Senhor de Toda a Ásia". Esse posto é meu!
> Procure ser sempre o melhor!

Dario, claro, passara os meses anteriores reorganizando seu exército e preparando-se para enfrentar mais uma vez os macedônios, se fosse preciso. Ele planejava deter o avanço destes nas margens do Tigre, mas Alexandre conseguiu atravessar o rio, de modo que os dois exércitos se defrontaram numa vasta planície perto de um lugar chamado Gaugamela.

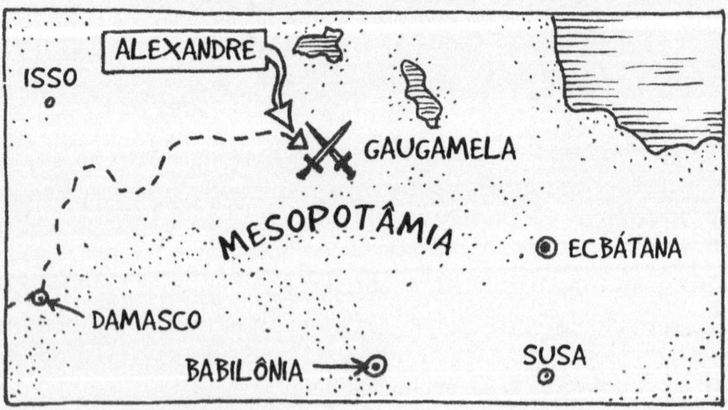

Na véspera da batalha, a mulher de Dario — que continuava prisioneira no acampamento macedônio — morreu ao dar à luz um filho dele. Sua criada conseguiu escapar e levar a notícia ao Grande Rei, que ficou transtornado. Ele chegou a mandar uma proposta de paz a Alexandre.

> Outono de 331 a.C.
>
> Caro Alexandre,
>
> Esta é a minha proposta final. Assim como a Ásia Menor, você pode ficar com todas as terras que conquistou a oeste do Eufrates, inclusive a Fenícia, a Síria e o Egito.
>
> Bem-vindo seja a essas terras, contanto que prometa não conquistar outras.
>
> Além disso, eu lhe dou 30 mil talentos, se você devolver a minha família.
>
> Cordialmente,
>
> Dario, Senhor de Toda a Ásia (salvo o pedaço que estou cedendo a você)

Era uma oferta generosíssima, pois o que Dario prometia entregar equivalia a um terço de todo o seu império. Se Alexandre aceitasse, poderia ter voltado à Macedônia com muito orgulho e certamente teria sido lembrado séculos a fio por suas grandes conquistas. Mas para Alexandre era pouco. Ele queria *todo* o império de Dario e nunca ficaria satisfeito com menos que isso.

Dizem que ele mostrou a carta a seu general Parmênio e perguntou-lhe o que achava:

Mas Alexandre era Alexandre, e respondeu a Dario que, assim como não se podia imaginar a Terra com dois sóis, também não se podia imaginar o continente asiático com dois reis. Os dois teriam de lutar por ele, e ele, Alexandre, venceria.

Cinco contra um

Essa réplica cheia de confiança era típica de Alexandre, mas ele talvez tenha lamentado tê-la escrito na manhã em que, de uma serra próxima, foi dar uma espiada no exército persa. Se esperava encontrar um exército como o que derrotou em Isso, estava muito enganado.

Alexandre passou várias horas rondando por ali, montado em Bucéfalo, a fim de avaliar bem as vastas forças inimigas. Depois voltou para a sua tenda, a fim de pensar bem no assunto. Parmênio foi vê-lo e sugeriu um ataque surpresa no meio da noite, mas Alexandre rejeitou essa ideia, dizendo que queria obter uma vitória honrada, sem trapaças.

Na manhã seguinte, nem sinal de Alexandre no acampamento. Parmênio acabou indo à tenda dele para tirá-lo da cama.

Talvez a maior força de Alexandre fosse o seu conhecimento da tática, e naquela noite em sua tenda ele bolara um plano infalível.

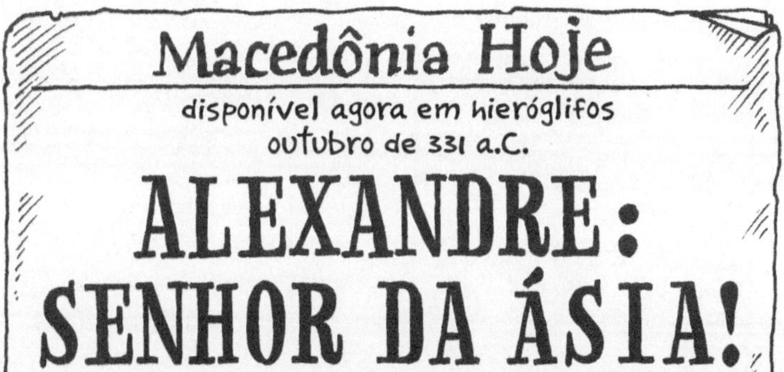
Macedônia Hoje

disponível agora em hieróglifos

outubro de 331 a.C.

ALEXANDRE: SENHOR DA ÁSIA!

- Hordas bárbaras esmagadas numa épica batalha
- Alexandre supera desafios impossíveis
- O Grande Rei escapa de novo

Na que foi certamente uma das maiores batalhas de todos os tempos, o rei Alexandre alcançou uma vitória histórica em nome de todos os gregos. Ontem, ele derrotou a força total do poderoso exército persa de uma vez por todas.

O exército do Grande Rei consistia em centenas de unidades arregimentadas em todas as regiões do vasto império persa, inclusive as temíveis brigadas de cavalaria da Báctria e os mortíferos esquadrões de carros com lâminas nas rodas. Segundo uma testemunha ocular, havia mais de meio milhão de homens no campo de batalha, com o exército macedônio numa inferioridade de cinco para um.

Rodas com lâminas: nova arma mortal

Um soldado explicou: "Os persas levaram vários dias arrumando o campo de batalha. Eles alisavam e afofavam o chão para seus carros com lâminas. Mas nós também estávamos bem preparados. Nossos homens ficavam parados até os carros chegarem bem pertinho, pulavam para trás no último momento, e o carro passava sem atingir ninguém".

Quando a cavalaria do general Parmênio atacou o flanco esquerdo, as forças persas foram atraídas para fora do centro, enquanto a infantaria macedônia avançava firme, cada falange eriçada com suas sarissas mortais. Quando se abriu um espaço nas linhas persas, o rei Alexandre em pessoa comandou a carga contra elas, marchando direto sobre o carro do Grande Rei. Em pouco tempo, Dario foi isolado de seus homens e fugiu do campo de batalha. Horas depois seu exército estava destruído.

Alexandre já era rei da Macedônia, líder da Grécia, senhor da Ásia Menor e faraó do Egito. Agora também é Rei e Senhor de Toda a Ásia.

Alexandre, nós te saudamos!

Outubro de 331 a.C.

Mãezinha querida,

Será que o Dario tá com medo de mim? É a segunda vez que ele sai fugindo bem no meio da batalha. Eu até que teria ido atrás dele, mas tive de ir ajudar o Parmênio, que estava encrencado no flanco esquerdo.

Eu sou mesmo o máximo, não sou? Boto no chinelo Aquiles, Héracles e aqueles heróis todos, não acha? Posso ser baixinho, mas quanto à grandeza mesmo, que é o que conta, eu sou maior do que todos eles!

Aquele oráculo estava supercerto. Eu tenho mesmo algo de divino.

Seu filho,
Que procura ser sempre...
(e sempre consegue!)
Bjs, bjs,
Alex

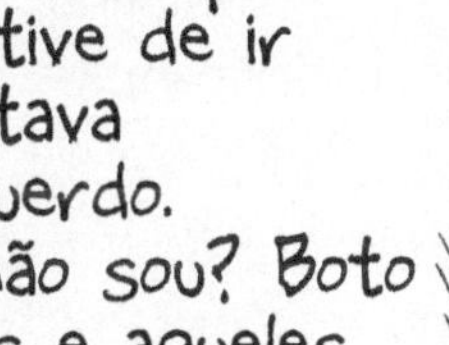

NOS RIOS DA BABILÔNIA

A reputação de Grande Rei de Dario estava começando a perder força, e Alexandre logo obteria esse título para si, em todo o império. À medida que marchava na direção do Oriente, encontrava mais e mais cidades abrindo as portas e rendendo-se a ele. Entre estas, estava uma das mais gloriosas do mundo antigo: a Babilônia.

O RIO EUFRATES E A VIA PROCESSIONAL CORTAM A CIDADE NO MEIO.
OS CÉLEBRES JARDINS SUSPENSOS DA BABILÔNIA, CONSTRUÍDOS POR UM REI ASSÍRIO PARA SUA ESPOSA IRANIANA, MAIS TARDE TIDOS COMO UMA DAS SETE MARAVILHAS DO MUNDO ANTIGO.
UMA MULTIDÃO NO PARAPEITO DAS MURALHAS JOGA ROSAS EM SEU CONQUISTADOR.
MURALHAS EXTERNAS DE TIJOLO: 25 QUILÔMETROS DE COMPRIMENTO DE CADA LADO, LARGAS O BASTANTE PARA DOIS CARROS DE QUATRO CAVALOS PASSAREM POR ELAS.

Alexandre decidiu que seus homens precisavam descansar, e planejou dar a eles um mês de férias das quais nunca esqueceriam. Enquanto os soldados se divertiam, Alexandre se dedicava a estudar a astrologia babilônica. (Na certa, queria obter mais alguns bons presságios.)

Um tesouro fabuloso

A próxima parada era Susa, seiscentos quilômetros a sudeste da Babilônia e outra suntuosa cidade do Grande Rei.

Dessa vez, o sátrapa local saiu da cidade para receber Alexandre, que vinha pela estrada real. Levou consigo um montão de presentes, inclusive uma cáfila (um grupo de camelos) e uma dúzia de elefantes. (A essa altura, o exército macedônio parecia mais um zoológico ambulante...) Depois proclamou a rendição formal da cidade e ofereceu a Alexandre uma visita guiada pelo palácio real e seus fabulosos tesouros.

Alexandre encontrou riquezas com que nem poderia ter sonhado. Além de uma inacreditável reserva de moedas de ouro e prata, havia pilhas e mais pilhas de baixelas e joias de ouro, sem falar dos incontáveis rolos de tapetes e enormes salões repletos de outros acessórios e móveis luxuosos. No meio daquilo tudo ficava o lendário trono do Grande Rei, com seu esplêndido baldaquino (uma cobertura) de ouro.

A primeira coisa que Alexandre fez depois de inspecionar a fortuna que acabara de ganhar foi sentar-se no trono do Grande Rei. Não apenas para descansar o esqueleto depois de tão longa marcha. Mais importante que isso, queria fazer um gesto simbólico importante para mostrar ao mundo que o Grande Rei agora era ele — Alexandre.

Só que Alex se esqueceu de que era bem mais baixinho que Dario...

Diário Secreto do Alexandre

Novembro de 331 a.C.

Tudo bem, é a última vez que sento num trono persa, a não ser que arranje alguém para adaptá-lo antes à minha altura. Eu parecia um palerma. Mas, como disse Hefesto, as coisas não iam tão mal assim. Aquela grana toda ia facilitar um bocado nossa vida e os reforços que chegavam da Grécia tornavam meu exército superpoderoso. (Vinham em boa hora, aliás, porque perdemos gente à beça em Gaugamela.)

Mas as notícias que chegavam de casa não eram nada animadoras. Antípatro tinha problemas para manter as cidades-Estado na linha, apesar de ter alcançado uma "grande" vitória num lugar chamado Megalópolis. (Ei, quem está vencendo as <u>grandes</u> batalhas sou <u>eu</u>!) Para ser sincero, estou perdendo interesse pela Macedônia. Ela parece tão longe agora, tão difícil de cuidar. Ah, o Antípatro que se vire com ela. Tenho certeza de que mamãe adorará dar uma mãozinha.

> GRANDES HISTÓRIAS: A BATALHA DE RATOS
> Parece que Alexandre escreveu para Antípatro dizendo-lhe que, comparada com sua magnífica vitória em Gaugamela, a batalha de Megalópolis foi uma "batalha de ratos".

Uma noite louca

A algumas centenas de quilômetros a leste, bem no coração da Pérsia, ficava a cidade sagrada de Persépolis, capital religiosa do império persa, onde tradicionalmente os reis eram enterrados. Era a próxima meta de Alexandre e, apesar de ter sido incomodado no caminho por uma pequena força de guerrilheiros persas que, do alto de um desfiladeiro, rolaram pedras em seu exército...

... os macedônios chegaram sãos e salvos ao seu destino.

Na cidade, Alexandre encontrou novas montanhas de tesouros à sua espera. Para transportar toda aquela riqueza de volta para casa, ele usou todos os animais de carga do seu exército e mais de 3 mil camelos extras!

Em Babilônia e Susa, os soldados macedônios se comportaram relativamente bem. Distraíram-se à beça, claro, mas trataram a gente de lá com respeito. Acima de tudo, Alexandre lhes dera a instrução de não praticar nenhum tipo de vandalismo.

Em Persépolis, no entanto, as coisas não foram tão bem assim. Dessa vez, Alexandre decidiu deixar seus homens fazerem o que bem entendessem, e infelizmente eles fizeram o que de pior podiam, espalhando o terror, queimando, saqueando e matando a torto e a direito.

Ninguém sabe direito por que Alex resolveu destruir Persépolis — mais um episódio esquisito em sua carreira. Talvez ele tenha sentido que a cidade viria a ser um ponto de agrupamento da resistência persa. Talvez tenha decidido vingar-se do incêndio de Atenas durante as guerras persas. Qualquer que tenha sido a razão, o fato é que aquilo custou a Alexandre a perda de boa dose de respeito de seus novos súditos. Até o antigo palácio de Xerxes foi arrasado pelo fogo, e é bem possível que tenha sido Alexandre quem acendeu o fósforo. De início, ele havia mandado preservar o palácio como museu, mas diz uma história que encheu a cara numa festança e foi levado a cometer essa loucura por Taís, a namorada ateniense de um dos seus oficiais.

Diário Secreto do Alexandre

Dezembro de 331 a.C.

Acordei esta manhã com a maior ressaca e uma lira quebrada pendurada no pescoço. E com um cheiro horrível de coisa queimada no nariz.

Não me lembro bem do que aconteceu na noite de ontem, mas acho que acabei fazendo o que não devia. Tudo por causa daquela Taís. Primeiro ela veio com um papo de que a festa estava chatérrima, porque não tinha fogos. Depois, toda sedutora, veio com a ideia de tocar fogo no palácio. Tremo só de pensar no que diria Aristóteles. De nós, gregos, não se espera que percamos a cabeça e façamos loucuras. "Moderação acima de tudo", ele vivia dizendo.

Bom, de vez em quando a gente precisa extravasar a tensão acumulada. É o que sempre digo!

SENHOR DE TODA A ÁSIA

Alexandre não demorou a sair do calorão de Persépolis, quase voltando na direção de onde viera e levando seu exército para noroeste, através das montanhas do que é hoje o Irã, até uma cidade chamada Ecbátana. Fez do general Parmênio — então com setenta anos — o sátrapa do lugar. Também deixou algumas tropas com ele e mandou umas poucas de volta para a Grécia. Desejava reduzir seu exército para encarar o rude e montanhoso território que tinha pela frente.

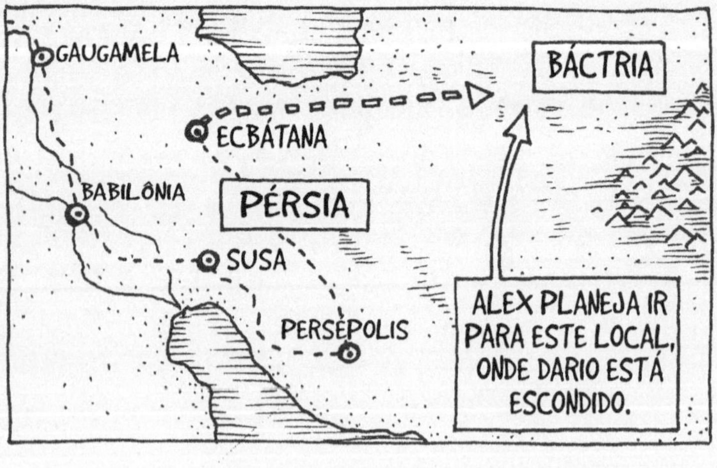

Alex ainda esperava pegar seu arqui-inimigo Dario vivo, a fim de forçá-lo a abdicar e entregar oficialmente seu império. Desse modo, as pessoas o veriam como sucessor legal de Dario, e não como um tirano brutal, louco por uma guerra.

Mas as esperanças de Alex logo se viram frustradas, quando foi informado de que Dario havia sido deposto por um dos seus generais, um sujeito chamado Besso, que havia comandado a cavalaria persa em Gaugamela. Besso tinha se proclamado Grande Rei e se gabava de que Dario era agora seu prisioneiro.

Em resposta, Alexandre escolheu quinhentos dos seus homens mais resistentes e convenceu-os a atravessar o deserto iraniano durante a noite, com o objetivo capturar Besso e "resgatar" Dario.

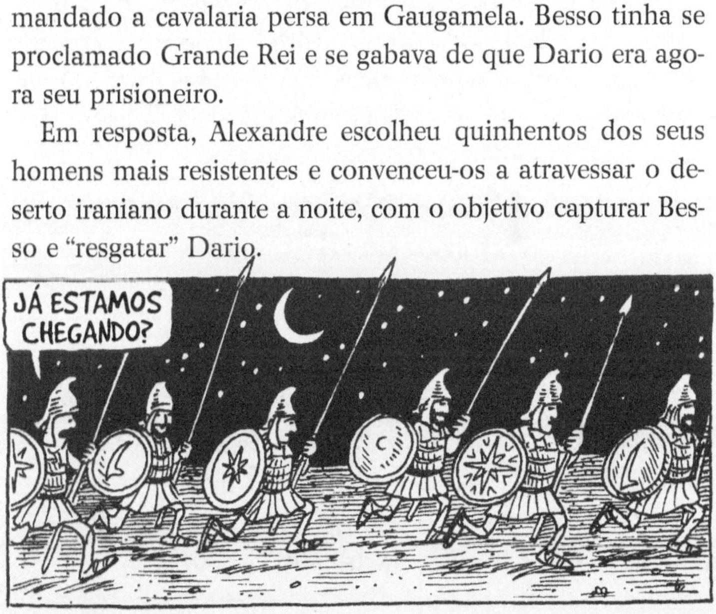

Eles fizeram a travessia a toda e quase pegaram Besso dormindo. Mas tudo o que encontraram no acampamento abandonado às pressas foi uma carroça, de dentro da qual vinham uns gemidos estranhos.

Para poder fugir mais depressa de Alexandre, Besso tinha cravado uma lança no seu prisioneiro e o deixado morrendo ali. Alex mandou seus homens trazerem água para Dario, mas era tarde demais. O ex-Grande Rei esticara as canelas.

Diário Secreto do Alexandre
Julho de 330 a.C.

Droga, droga, droga! Agora não tem mais ninguém para me entregar o trono, vou ter de lutar de novo por ele. Hefesto diz que a única coisa a fazer é agir como sucessor de Dario e perseguir Besso, como se eu estivesse vingando o ex-Grande Rei. (E vou

perseguí-lo até o fim do mundo, se preciso for!)
Só falta convencer as pessoas de que sou um estadista de nível mundial e Besso um vulgar bandido, ladrão de tronos. Para começar, vou dar a Dario um grande funeral em Persépolis (hã... o que sobrou dela). "Ele era um nobre inimigo e será tratado como merece", et cetera e tal. Isso é capaz de conquistar o coração de alguns persas. Claro, vou fazer a minha mais caprichada cara de enterro, como se estivesse chorando a morte do meu melhor amigo. E vou espalhar o boato de que Dario me abençoou antes de dar seu último suspiro. (De onde tiro ideias tão geniais?)

Para azar de Alexandre, a morte de Dario fez outro boato se espalhar pelo acampamento macedônio...

Começou como pouco mais que um desejo dos soldados, que estavam cansados de marchar milhares de quilômetros pelo deserto. Fazia quatro anos que tinham partido da sua terra e não só haviam tomado as capitais do império persa, como haviam se livrado do próprio rei Dario. Por que, então, não podiam voltar para casa, para um merecido descanso? Isso era o que pensavam, e a ideia se alastrou tão depressa que, antes de alguém conseguir dizer "Alexandrópolis", o retorno para casa tornara-se um fato estabelecido entre as tropas — apesar de essa ideia ainda nem ter passado pela cabeça de Alexandre.

Agosto de 330 a.C.

Mãezinha querida,

Você não vai acreditar, mas esta manhã acordei com o barulho das carroças sendo carregadas. Os homens estavam se preparando para voltar pra casa! Tive de fazer o discurso da minha vida para convencê-los a ficar.

Você devia ter visto, mãe, eu fui o máximo! Dei um jeito de chorar aos borbotões, ao dizer a eles que estavam abandonando seu líder "no meio do caminho para a glória". (Linda frase, hein?) "Estamos no limiar da vitória", falei. "E vocês resolvem me abandonar?" E um montão de coisas do tipo — carreguei a mão mesmo!

Ainda bem que sou um dos maiores oradores do mundo.

As roupas do imperador

À medida que o tempo passava, Alexandre concluía que precisava cada vez mais dos seus dons de oratória, porque a coisa não estava indo tão bem quanto antes com seus oficiais. Eis por quê...

Já fazia um tempinho que Alex começara a se vestir de uma maneira meio estranha, copiando várias modas persas. Primeiro, experimentou usar a faixa de cabeça de Dario, depois algumas túnicas orientais, para não falar do delineador e da sombra, que faziam furor entre os homens persas. (Imagine só, Alex chegou a lançar a moda de usar calças, uma invenção persa que até ele próprio achava um pouco ousada demais!) Não demorou muito para Alex incentivar seus amigos a vestir roupas persas e até usar enfeites persas nos arreios dos cavalos macedônios!

O que estaria acontecendo?

Bem, Alexandre se deu conta de que governava um império gigantesco, que se estendia por milhares e milhares de quilômetros. Nunca teria tropas macedônias suficientes para cobrir todo aquele território, e se quisesse conquistar o apoio dos persas de modo que pudesse reinar em paz, ia ter de encontrar um meio-termo. E se eles esperavam que seu rei agisse como um persa, era o que ele tinha de fazer. (Bom, não há muita dúvida de que Alexandre até gostava do seu novo visual, a la Dario. Chegaram até a sugerir que um dos motivos que o levaram a usar calçados persas — que tinham salto — era que assim ele parecia um pouquinho mais alto!)

A nova moda foi adotada pela maioria dos amigos mais próximos de Alexandre, mas os oficiais mais velhos, que combateram no exército do rei Filipe e eram um bocado conservadores, preferiam os usos e costumes tradicionais dos macedônios. Para eles, os persas é que deviam adotar os usos macedônios, e não o contrário.

Para manter os oficiais felizes no verdadeiro estilo macedônio e tentar esvaziar a lista crescente de queixas, Alex passou a dar cada vez mais banquetes e festas com bebida a rodo, que varavam a noite. E também incentivou seus soldados a arranjar namoradas persas e se casar com elas.

Ele esperava poder persuadir seus homens a esquecer suas casas na Macedônia e pensar na campanha persa como um modo permanente de viver.

Diário Secreto do Alexandre
Agosto de 330 a.C.

Não disse nada a meus homens, mas estou começando a me perguntar se quero mesmo voltar um dia para a Macedônia. Seria uma maravilha ver mamãe, mas fora isso não consigo enxergar uma só razão para voltar. Hefesto acha que eu podia governar meu império a partir da Babilônia, em vez de Pela. É muito mais central, afinal de contas (e nem um pouco chato!). Em todo caso, não é hora de pensar em me estabelecer onde quer que seja. Besso instalou seu QG na Báctria, mais para leste, e temos de acossá-lo. Pessoalmente, estou louco para ter novas aventuras, mas meus homens não vão gostar muito.

A SITUAÇÃO SE COMPLICA

A Báctria ficava num canto remoto do nordeste do império persa, na região hoje conhecida como Afeganistão, um lugar tremendamente montanhoso que causou todo tipo de problemas a Alex. Besso era esperto o bastante para não travar com ele uma batalha frontal — afinal, já tinha visto do que Alex era capaz em tal situação. Em vez disso, portanto, usou as montanhas a seu favor, forçando os macedônios a enfrentar desfiladeiros perigosíssimos e lançando ataques-relâmpago contra eles.

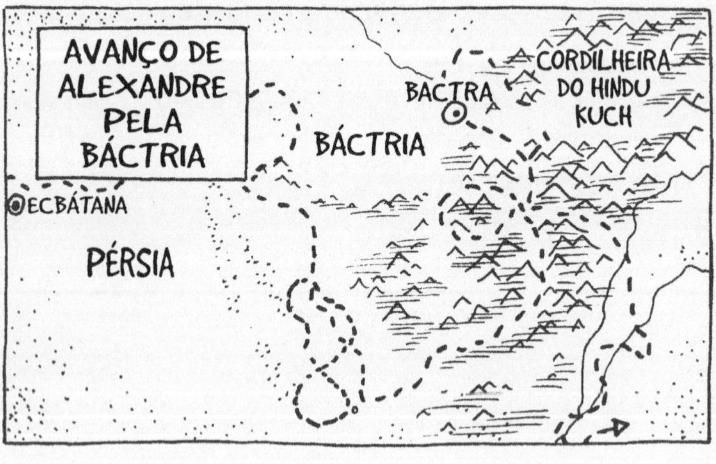

Pior ainda, os macedônios tinham de voltar atrás o tempo todo para esmagar rebeliões na sua retaguarda. Mal tornavam a avançar, os guerreiros das tribos locais surgiam das névoas das montanhas e fustigavam as guarnições macedônias que Alex havia deixado. Ou os sátrapas que tinham se rendido a Alex se rebelavam assim que ele partia.

Com muitos homens sofrendo com as feridas causadas pelo forte frio, com a cegueira da neve e a altitude, conquistar a Báctria era para os macedônios um projeto frustrante, que levaria mais de um ano. Não é de espantar que aquela situação tenha começado a abalar os nervos de Alexandre...

Pipocam conspirações

Com as queixas dos soldados tornando-se cada dia mais frequentes, Alexandre foi ficando cada vez mais preocupado com a lealdade de seus homens. Estariam conspirando contra ele? Estaria a ponto de ser traído?

Não era a primeira nem seria a última vez que esse tipo de preocupação o levava a agir de forma implacável. Um dos próximos a pagar o pato seria o general Parmênio, que servia agora como governante em Ecbátana, no oeste da Pérsia. Parmênio era um oficial respeitadíssimo no exército macedônio, um soldado da velha guarda que combatera pelo rei Filipe quando Alexandre ainda usava fraldas. Parmênio tinha dito para quem quisesse ouvir que não gostava muito dos novos modos persas de Alexandre, e Alex começou a pensar que seria melhor livrar-se dele. Mas Parmênio era popular entre a soldadesca, de modo que Alex não podia prendê-lo sem mais nem menos. Mas logo viu surgir uma oportunidade de se desfazer dele, valendo-se do seu filho, nada popular, um cara metido a besta de nome Filotas.

Um dia um soldado se aproximou de Filotas e lhe falou de um boato que ouvira sobre uma trama para assassinar Alexandre. Filotas prometeu ao sujeito que ia avisar Alexandre, mas, sabe-se lá por que, não avisou, e quando Alexandre ficou sabendo da história, viu que era a sua chance. Mandou prender Filotas e torturou-o até ele "confessar" que estava conspirando com seu pai contra Alexandre. O veredicto foi rápido, e Filotas (entre outros) foi apedrejado até a morte. Depois Alexandre enviou dois homens numa missão especial:

1. Levando uma carta para Parmênio, atravessaram o deserto em camelos de corrida, alcançando Ecbátana antes que Parmênio pudesse saber do quê acontecera com seu filho.

2. Enquanto Parmênio abria a carta — que vinha a ser sua sentença de morte —, os caras o cortaram em pedacinhos. Até mandaram sua cabeça para Alexandre, como prova de que tinham cumprido a tarefa.

Diário Secreto do Alexandre
Setembro de 330 a.C.

Parece cruel, eu sei. Parmênio era um velhote legal, mas tinha umas ideias meio ultrapassadas. Quando você está na minha posição, tem de tomar decisões duras como essa. Não é fácil ser grande, sabia?

Infelizmente, dar cabo dos oficiais mais antigos não facilitava as coisas para Alex; ao contrário, só aumentava o ressentimento e a desconfiança entre os soldados rasos. Conta-se que Alex ficou tão preocupado com o que seus homens estavam pensando dele, que logo bolou um plano para conseguir saber.

- Primeiro incentivou-os a escrever para as suas famílias na Macedônia, dizendo a eles que esta seria uma das últimas chances que tinham para fazê-lo, antes que o território se tornasse tão inóspito e montanhoso que talvez não desse para enviar o correio.
- Depois despachou a montanha de cartas com sua correspondência pessoal.
- Mal os portadores se afastaram, chamou-os de volta e os mandou entregar todo o correio em sua tenda.
- Então passou a noite inteira lendo as cartas, para ver o que seus homens diziam dele!

Todos os que haviam se queixado ou falado mal de Alex nas cartas foram incorporados a uma nova unidade especial do exército macedônio, que Alex reservou para as missões mais perigosas e impossíveis.

Diário Secreto do Alexandre
Outubro de 330 a.C.

Graças a meu plano genial, consegui me desvencilhar de alguns caras traiçoeiros. Mas o problema é que também estamos sofrendo um monte de baixas na Báctria, e agora começam a me faltar homens. Por isso, resolvi tomar uma medida ousada e corajosa (bem como genial de morrer, modéstia à parte!). Vou recrutar milhares de tropas persas nas terras que já conquistei. Afinal, sou o Grande Rei agora, e eles podem muito bem combater por mim. (E se meus macedônios não gostarem, azar o deles.)

Alex perde a linha

Besso se retirou cada vez mais para o norte, e Alex foi forçado a persegui-lo além da Báctria, na região da Sogdiana (hoje conhecida como Uzbequistão e Tadjiquistão). Era um território desconhecido no extremo norte do império persa.

O governante de Sogdiana, um sujeito conhecido pelo nome de Spitamenes, não tinha a menor vontade de enfrentar os macedônios, de modo que capturou Besso e entregou-o a Alex como parte de um acordo de paz. (Alex não podia perdoar Besso pela maneira como tratou Dario, por isso executou-o.) Mas Spitamenes logo mudou de ideia sobre a aliança com Alex, e não demorou muito para os macedônios (juntos com os recrutas persas que agora lutavam ao lado deles) terem de marchar montanha acima e abaixo, em regiões ainda mais remotas, perseguindo outro inimigo.

Spitamenes usou uma tática semelhante à de Besso, mas contava também com cavaleiros das tribos guerreiras que viviam nas vastas planícies do norte. Ele se mostrou um adversário astuto, e a perseguição a ele se arrastou interminavelmente — mesmo depois de Alexandre ter dividido seu exército em cinco grupos separados para cobrir mais terreno.

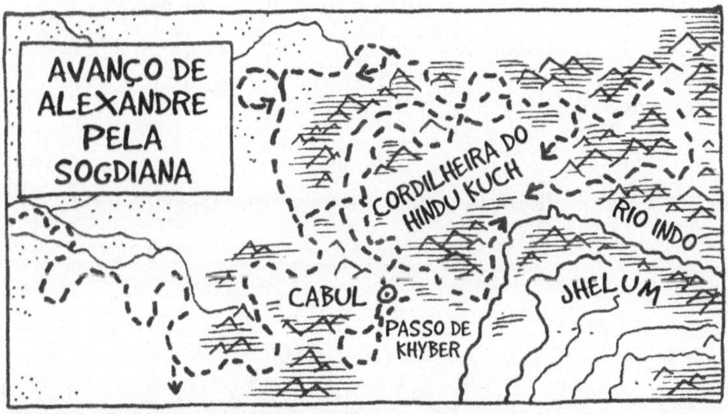

Enquanto isso, o clima entre os macedônios piorava dia a dia, e a incerteza de Alexandre quanto à lealdade de seus homens logo tornou a deixar seus nervos à flor da pele. Uma noite em que deu uma festança, Alex encheu a cara no jantar e resolveu fazer um discurso.

A maioria dos macedônios presentes ficou assustada demais para discordar de Alexandre. Limitaram-se a guardar para si o que pensavam e fizeram um brinde à sua saúde. Mas o fiel amigo de Alexandre, Cleito, o homem que salvou sua vida no Granico, não estava disposto a concordar com aquilo. Ele sabia o quanto seus homens estavam cheios e achava que tinham razões de sobra. Cleito levantou-se e fez, por sua vez, um discurso.

Aquilo foi demais para Alexandre, que perdeu totalmente o controle e agarrou a arma que estava mais à mão.

Em questão de segundos, o quebra-pau começou e os dois partiram furiosos um para cima do outro, enquanto os demais faziam o possível para apartá-los. No fim, quem acabou com a briga foi Alex, desta vez com uma arma bem mais mortífera.

Mal percebeu o que fez, Alex gelou de remorso. Entendeu imediatamente que tinha cometido um erro terrível — e, o que é pior, na frente de todo mundo!

Após alguns instantes de um silêncio mortal, em que ninguém sabia para onde olhar, Alex lançou mão de um método manjadérrimo de lidar com situações constrangedoras (bota constrangimento nisso!): foi se enfurnar emburrado na sua tenda!

Diário Secreto do Alexandre

Novembro de 328 a.C.

Ai, que ódio! Desta vez meti mesmo os pés pelas mãos. Todo mundo ficou horrorizado e devo admitir que eles têm motivo. Afinal, não posso explodir assim, o que se espera de mim é que mantenha a cabeça fria. Sei o que Aristóteles diria, posso até ouvi-lo: "Como você pode pretender governar um império, se não consegue governar nem a você mesmo?". Até o Hefesto ficou chocado.

O que devo fazer? Claro que não posso sair da minha tenda enquanto as coisas não esfriarem um pouco. Acho que o melhor é ficar quieto e praticar um pouco de lira.

Na verdade, nos dias seguintes Alexandre se recusou a comer e disse a todos que ia se matar de fome por se sentir tão mal com o que acontecera. Sua tática acabou dando certo, porque, embora seus homens estivessem insatisfeitos com Alex, também precisavam dele para levá-los de volta para casa. De modo que acabaram indo à sua tenda suplicar que saísse, dizendo-lhe que não queriam ficar sem chefe num lugar tão distante e perigoso. Também lhe disseram que, como Rei e Senhor de Toda a Ásia (e ainda por cima filho de deus), ele estava acima de todas as leis; logo não podia ficar tão preocupado assim por ter matado Cleito. De certo modo, disseram que estava certo Cleito ter sido morto por criticá-lo. Resumo da ópera: todo mundo estava disposto a pôr uma pedra em cima do incidente, se ele saísse da tenda e os conduzisse a novas vitórias. Aquilo foi como música nos ouvidos de Alex.

Topo do mundo

Por fim, após dois anos batendo pernas pelas montanhas da Sogdiana, os macedônios receberam boas notícias das tribos do norte. Elas resolveram trair Spitamenes (tal como ele havia traído Besso e como Besso havia traído Dario) e até fizeram a cortesia de mandar a cabeça dele a título de oferta de paz.

Em vista disso, Alex decidiu que já tinha avançado demais em direção ao norte e, para confirmar sua decisão, fundou uma cidade fortificada no norte de Sogdiana, chamada Alexandria Eschate, isto é, Alexandria, a Distante.

Mas, antes de partir da Sogdiana, ainda teve de cuidar de outro líder rebelde local, chamado Oxiartes. Com um exército de 30 mil homens e mantimentos para suportar um cerco de dois anos, Oxiartes se entrincheirou no alto de uma montanha rochosa e escarpada, conhecida como Rochedo Sogdiano. Oxiartes achava que aquele local era inexpugnável. Aliás, estava tão convencido de que sua posição era cem por cento segura que ele e seus homens debocharam dos macedônios, dizendo que, se quisessem capturar aquele baluarte, teriam primeiro de aprender a voar.

Aquilo era como agitar uma capa vermelha no nariz de um touro! O troco não demorou. Alex escolheu trezentos homens para uma missão especial: equipados com cordas, grampos de ferro para cravar na rocha e, claro, sandálias resistentes, mandou-os escalar a face do penhasco oposta à fortaleza de Oxiartes, onde este não poderia vê-los. Foi uma escalada dificílima, vários homens despencaram e morreram. Mas de madrugada os sobreviventes estavam no topo do Rochedo Sogdiano, observando a posição de Oxiartes. Quando o sol nasceu, eles agitaram o pano branco que Alex mandou levarem. Ao ver os panos ao vento, Oxiartes ficou tão surpreso com aqueles "homens alados" que se rendeu no ato!

Os macedônios invadiram sua praça-forte e, sem dúvida, comemoraram a vitória com muita comida e bebida. Para Alex, era hora de passar a vida em revista.

Primavera de 327 a.C.

Mãezinha querida,
Andei matutando. Acho que está mais do que na hora de eu ter um filho para assumir um dia o meu lugar, de modo que resolvi me casar.
A filha de Oxiartes, Roxane, parece uma moça legal e acho que resolve meu problema. Vou agradar os persas do meu exército me casando com uma moça de seu povo; meus oficiais macedônios é que não vão gostar.

Curvatura persa

Terminado o casamento rapidamente arranjado, Alex pôs seu exército novamente em marcha e, talvez por influência da sua esposa persa, não demorou muito para que ele tentasse introduzir outro exótico costume oriental que o encantara. Um costume que obrigaria todo mundo a se deitar no chão diante dele!

GRANDES TEMPOS: A REVERÊNCIA PERSA

Para os persas, era normal cumprimentar uma pessoa importante curvando-se diante dela. Era uma maneira de mostrar respeito. (É claro, portanto, que diante do Grande Rei todo mundo se prosternava.) Mas os gregos não costumavam se curvar diante de nenhum mortal, nem que fosse rei, só se inclinavam diante de seus deuses.

Assim, quando Alexandre convidou seus oficiais macedônios para uma festa e anunciou que gostaria que todos se prosternassem diante dele, por ser o Grande Rei, muitos ficaram horrorizados. Alex prometera beijá-los em retribuição, uma tradicional mostra de igualdade, mas não conseguiu quebrar o gelo com isso. Para os macedônios mais velhos, curvar-se diante de Alexandre seria humilhante, além de uma ofensa aos deuses. No entanto, como eles sabiam o que acontecia com quem não concordava com as novas ideias do Grande Rei, a maioria engoliu o orgulho, fez uma rápida reverência e se afastou.

Uma pessoa, porém, se recusou taxativamente: Calístenes, sobrinho de Aristóteles, um dos historiadores que Alexandre trouxera na expedição e que era popularíssimo no exército. Tempos antes, ele havia defendido Alexandre contra os velhos macedônios conservadores, mas isso já eram águas passadas.

Só que ninguém podia desacatar Alexandre daquela maneira e achar que ia ficar por isso mesmo, quem quer que fosse seu tio. Alexandre conseguiu resistir à tentação de matar Calístenes na hora, mas não demorou a mandar prendê-lo sob falsas acusações e, logo em seguida, fazê-lo ser condenado à morte. De acordo com alguns relatos, Calístenes foi pura e simplesmente enforcado. Mas outras dizem que ele foi arrastado atrás do exército macedônio numa jaula, até morrer de fome.

ATÉ O FIM DO MUNDO

Agora que Dario, Besso e Spitamenes estavam mortos, praticamente todo o império persa pertencia a Alexandre. Mas se alguém em seu exército pensava que ele tinha a intenção de voltar para casa e lá viver tranquilo com sua nova esposa, Roxane, estava redondamente enganado.

Não demorou nem um ano para Alexandre pôr seu exército em marcha de novo, agora com cerca de 100 mil homens, avançando mais ainda para o Oriente, além da cordilheira do Hindu Kuch (na fronteira entre os atuais Afeganistão e Paquistão). Ele os conduziu até onde imaginava ser o limite extremo do mundo.

Diário Secreto do Alexandre
Outono de 327 a.C.

Eu disse a meus homens que
não íamos parar enquanto
não chegássemos ao
Oceano do Fim do

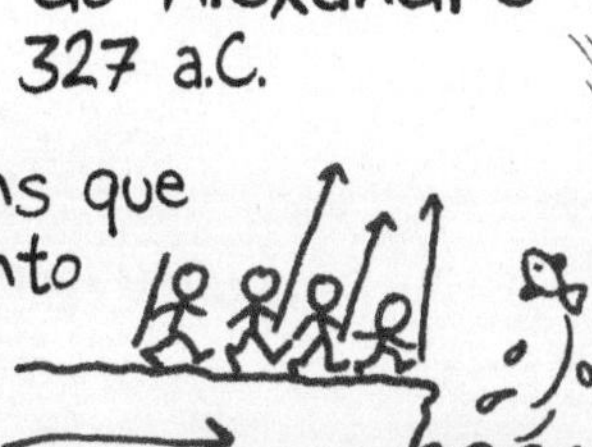

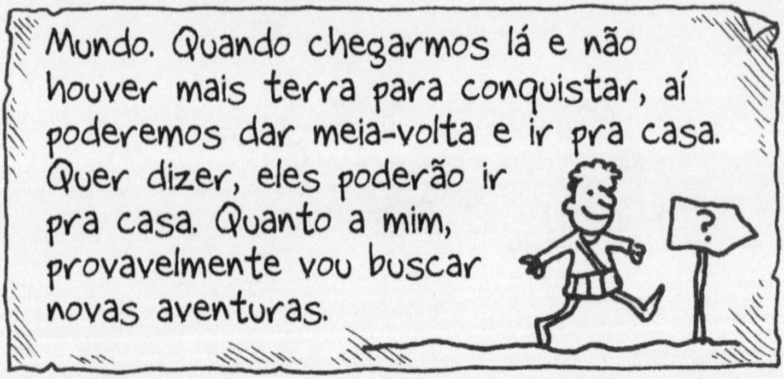

Infelizmente, Alexandre tinha uma ideia muito confusa da geografia das terras por onde ele e seus homens agora marchavam, uma ideia baseada no que Aristóteles lhe ensinara na escola. O filósofo dissera que daria para ver o Oceano do Fim do Mundo olhando para o leste do topo da cordilheira do Hindu Kuch. Porque ele acreditava que o mundo fosse assim:

Alexandre repetiu essa história tantas vezes a seus homens que, enquanto serpenteavam pelas montanhas escarpadas, eles deviam achar que em breve tirariam férias inesquecíveis na praia, antes de voltar para casa.

Mas, quando chegaram ao topo da cordilheira, não viram o menor sinal de oceano, só uma terra deserta estendendo-se até o horizonte. Alexandre não sabia, mas o Oceano do Fim do Mundo (que hoje nós conhecemos como oceano Índico) estava a mais de 1500 quilômetros dali. Porque na verdade o mundo é mais ou menos assim:

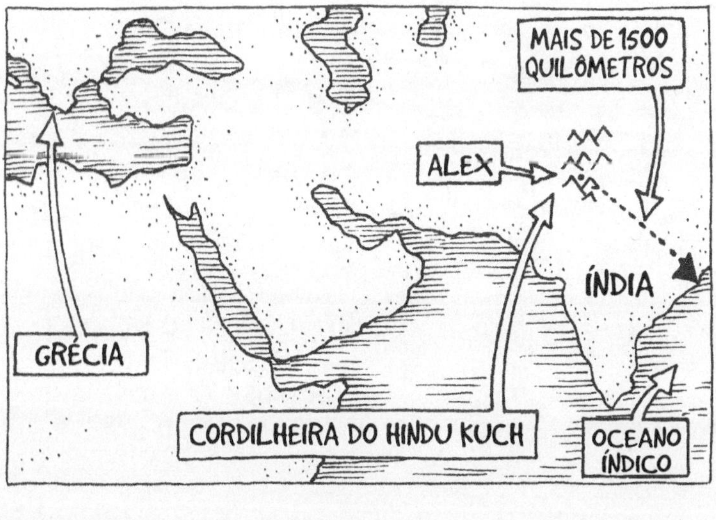

Alex no país das maravilhas

Entre o exército macedônio e o oceano, estendia-se diante de Alex a terra conhecida como Índia. Os gregos tinham ouvido falar da Índia, que para eles era um lugar envolto em mitos e fábulas, mas não faziam ideia de como ela era grande! Dizia-se que Héracles havia chegado lá em suas viagens, bem como o deus Dioniso. Nem é preciso dizer que Alex queria seguir os passos dos dois! E, sabe-se lá como, convenceu seus homens a irem com ele. Vai ver que apelou para a curiosidade, lembrando as várias narrativas de viagens que descreviam a Índia como uma terra povoada por estranhas e maravilhosas criaturas...

Claro, os macedônios não encontraram nada daquilo, mas sim uma porção de animais esquisitíssimos...

... assim como um clima que nunca tinham visto antes, com as chuvas torrenciais das monções, que caíam sem parar semanas a fio. Alexandre e seus homens já haviam cruzado desertos escaldantes e montanhas geladas, mas nunca tinham visto nada comparável à Índia. Molhados até os ossos, avançavam a duras penas através de quilômetros de pântanos fedorentos e fervilhando de mosquitos da malária, enquanto suas armas enferrujavam no ar úmido e suas roupas apodreciam com o calor. Muitos sofriam de infecções nos pés, pústulas e disenteria.

Para completar o quadro, ainda tiveram de travar uma das mais ferozes batalhas de toda a expedição — contra Porus, um rei local que não aceitou se submeter a Alexandre. Outros reis se renderam imediatamente, mas Porus tinha boas razões para enfrentá-lo, pois comandava o exército provavelmente mais assustador com que Alexandre já havia topado:

A batalha contra Porus foi travada nas margens lamacentas do rio Jhelum, encharcadas com as chuvas das monções. Um verdadeiro banho de sangue — e um banho de lama! Muitos macedônios morreram pisoteados pelos elefantes; outros trespassados por suas presas; outros foram simplesmente erguidos no ar pelas enormes trombas e atirados com toda força no chão, enquanto os paquidermes emitiam um barulho ensurdecedor de trombeta!

Mas no fim das contas os homens de Alexandre deram um jeito de vencer aquele exército de trombudos. Primeiro, acertavam os motoristas de elefante com flechas e dardos; depois, cortavam as patas e a tromba dos coitados dos bichos, deixando-os tão enlouquecidos de dor que pisoteavam os próprios soldados indianos.

Essa tática virou o jogo a favor de Alexandre e não demorou muito para o seu exército obter mais uma grande vitória. Mas foi uma vitória que custou muitas vidas, inclusive a de alguém muito querido de Alex.

manchas de lágrimas →

Maio de 326 a.C.

Mãezinha querida,
Você não pode imaginar o que aconteceu.
Bucéfalo morreu! Meu cavalo amado!
Estávamos despachando o último elefante,
quando o filho de Porus apareceu do nada,
vibrando seu sabre. Bucéfalo empinou para
o elefante do malvado, que lhe acertou

com o sabre bem na barriga. Uma ferida horrível! Bucéfalo lutou até o fim da batalha, de modo que achei que estava bem. Mas quando fui lhe dar bom-dia hoje, encontrei-o morto.

Ele tinha trinta anos e me acompanhou a todo canto em que fui. A vida não vai ser mais a mesma sem ele. Resolvi fundar uma cidade à margem do Jhelum que vou chamar de Bucéfala.

Eu te amo,

bjs, bjs,

Alex

P.S. Não se proponha a comprar outro cavalo para mim. Não vai ser igual!

P.P.S. Buááááá...

A última fronteira

Alex não era dos que gostam de ficar sentados vendo o tempo passar à janela. Para ele, sua grande vitória sobre Porus era apenas o início da campanha da Índia. Planejava avançar até o oceano, por mais tempo que isso levasse, atravessando todos os rios e guerreando com todas as tribos que encontrasse. Ele era o maior conquistador que o mundo já vira e não ia parar agora, nem mesmo depois que o rei Porus, que ele capturara, certamente lhe havia explicado quão longe ficava o oceano...

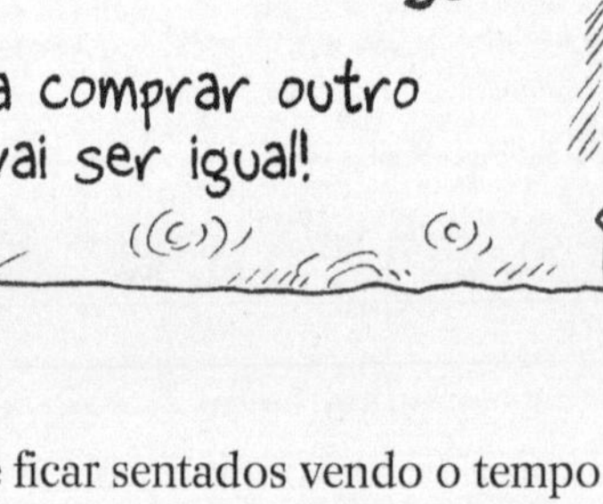

Mas os homens de Alexandre já estavam cheios. Não aguentavam mais marchar dia sim, outro também, com roupas ensopadas, apodrecendo, dormir em redes armadas nas árvores para não serem mordidos pelas cobras. Não aguentavam mais ouvir o zumbido dos mosquitos e a barulheira das tribos selvagens. Acima de tudo, não aguentavam mais Alexandre e seu entusiasmo infinito, que os levava sempre em frente, quaisquer que fossem os obstáculos. Certamente não acreditavam mais nele quando dizia, como sempre dissera, que iam encontrar o oceano passada a próxima montanha.

O exército de Alexandre já o via como um cara que nunca estava satisfeito com o que tinha e sem a menor intenção de voltar para casa um dia. Conquistar novas terras tinha se tornado um modo de vida para ele. Alex não estava interessado em cuidar do império que já conquistara, só queria novas vitórias.

Muitos homens haviam sido recrutados no caminho, mas ainda restava um punhado da força expedicionária original. Tinham partido fazia mais de oito anos e haviam marchado quase 30 mil quilômetros com ele!

Não é de espantar que quisessem voltar para casa, ver suas famílias e dar férias para os pés.

A gota-d'água foi quando chegaram a outro rio larguíssimo e ouviram dizer que uma tribo os esperava do outro lado com nada menos do que 4 mil elefantes. Alex já estava pronto para mais um combate, mas o exército simplesmente depôs as armas e recusou-se a atravessar o rio.

Aquilo significava encrenca na certa, de modo que Alex limpou a garganta e fez um dos seus mais eloquentes discursos.

Foi em vão. O discurso de Alex caiu completamente no vazio. Seus homens já tinham ouvido falatórios assim milhares de vezes e não acreditavam mais numa palavra do que diziam. Um deles — um valente soldado chamado Ceno — até fez o seu discurso, dizendo a Alexandre que havia uma coisa acima de todas as outras que um homem vitorioso tinha de saber: *quando parar*.

Alexandre percebeu na hora que estava diante de um motim generalizado. Enfurnou-se emburrado durante dois dias na sua tenda, claro, mas nem esse truque funcionou dessa vez: a única coisa que ouvia era o barulho do seu exército fazendo as malas para a viagem de volta. Afinal, teve de encarar o fato de que, pela primeira vez na vida, não ia agir de acordo com a sua vontade e, relutante, concordou em regressar. Suas conquistas haviam finalmente chegado ao fim.

Diário Secreto do Alexandre
Junho de 326 a.C.

Droga, droga, droga! Eu devia saber que não dava para confiar nesse exército fuleiro. Isso lá são soldados que se prezem? Desistir depois de apenas 30 mil quilômetros? Patético!
De que adianta ser grande feito eu, se você está rodeado de um bando de moloides covardes que não conseguem atravessar um continentezinho de nada sem ficar com saudade de casa?
Em todo caso, não posso deixar as

pessoas pensarem que amarelei, de modo que mandei meu adivinho encontrar uns péssimos presságios para justificar o regresso. Assim, vou dizer que os deuses eram contra seguirmos em frente e colocar a culpa toda neles. (Ainda bem que continuo tendo grandes ideias!)

Antes de empreender a viagem de volta, os macedônios ergueram doze enormes estátuas de deuses gregos à beira do rio.

GRANDES HISTÓRIAS

Reza a lenda que os macedônios também construíram enormes fortificações, equipadas com artefatos gigantescos, para as pessoas acharem que haviam sido construídas por uma raça de gigantes! (Adivinhe de quem foi a ideia!)

Por fim, para assinalar os limites do império de Alexandre, ergueram um enorme obelisco, com um dístico simples:

DE VOLTA PARA CASA

Para a viagem de volta, Alexandre planejou retornar ao rio Jhelum e descê-lo de barco, com mulheres, crianças e animais de carga, até o mar. (Não o Oceano do Fim do Mundo, que eles haviam tentado alcançar avançando para leste, mas o mar no extremo sul da Ásia.)

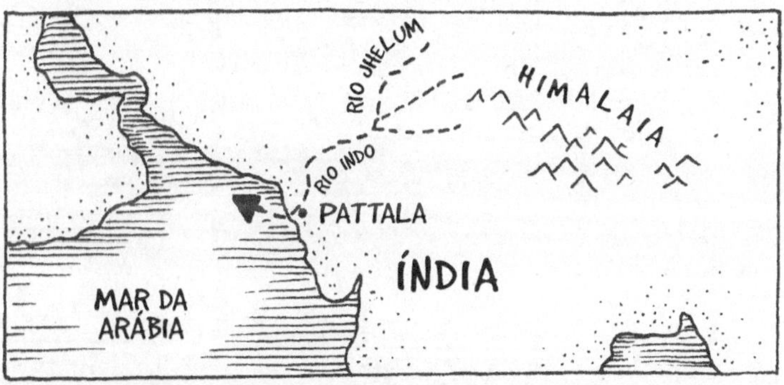

Ao todo, eram cerca de 120 mil pessoas (e um bocado de bagagens), de modo que Alex teve de montar, às margens do Jhelum, uma frota de mais de mil embarcações. Algumas foram requisitadas de tribos locais, mas muitas tiveram de ser construídas com madeira cortada nas florestas vizinhas. Era um trabalho e tanto para um exército que já estava exausto. (Imagine se você tivesse de construir seu carro para voltar das férias!)

Mas finalmente a nova esquadra ficou pronta para zarpar.

DUZENTAS NAUS SEM CONVESES (PARA LEVAR OS SOLDADOS).
TRANSPORTE DE CAVALOS
GRANELEIROS
JANGADAS E EMBARCAÇÕES MENORES PARA LEVAR BAGAGEM E LEMBRANÇAS.
RIIINCH!
HURRA!
NATIVOS CANTANDO E GRITANDO DAS BARRANCAS DO RIO. (ESTARIAM IMPRESSIONADOS COM O ESPETÁCULO OU SÓ VIBRANDO POR ALEXANDRE IR EMBORA?)

Mesmo com todas aquelas embarcações, só havia espaço para metade dos soldados do exército de Alexandre. Os outros, comandados por Hefesto e Cratero, foram a pé pelas margens do rio.

De início, Alexandre relaxou no convés ouvindo seus poetas e historiadores lerem histórias dos livros que haviam escrito sobre suas grandes façanhas. Mas logo se viu em apuros, quando a frota caiu num redemoinho e a nau capitânia começou a afundar. Alex não sabia nadar, você se lembra, e teve de ser salvo por seus amigos. Isso não o impediu de se gabar de que, além de combater contra grandes exércitos, havia lutado também contra um grande rio!

Suas batalhas com outros exércitos não tinham acabado, porque os macedônios toparam com várias tribos poderosas ao longo da viagem e tiveram de travar mais uma porção de combates. Numa dessas batalhas, Alex levou uma flechada no peito e, gravemente ferido, ficou semanas confinado em sua tenda. Logo começou a correr entre os soldados o boato de que tinha morrido e foi uma trabalheira desmenti-lo. Alexandre acabou se vendo obrigado a montar num cavalo e percorrer o acampamento, a fim de mostrar a seus homens que estava vivo.

Foi recebido com uma tempestade de aplausos, que deve ter estampado um sorriso em seu rosto, apesar de toda a dor. Depois, voltou para a tenda e desmaiou.

Algumas semanas mais tarde, quando o rio começou a se aproximar do mar, Alex estava se sentindo muito melhor; por isso mandou seus homens pararem num lugar chamado Pattala e construiu todo um sistema de cais e bacias, para realizar reparos na frota. (Era não só como se você tivesse de construir o carro, mas a estrada também!) E, deixando Hefesto no comando dessa pequena tarefa, foi com uma frota menor explorar o litoral próximo.

GRANDES HISTÓRIAS

Dizem que durante essa exploração Alex se defrontou com um fenômeno inédito: maré baixa. O Mediterrâneo em torno da Grécia tinha pequenas variações de maré, mas no oceano Índico elas eram muito maiores. Alex e seus homens foram pegos inteiramente de surpresa ao acordar uma manhã e descobrir que o mar havia desaparecido!

É claro que a água voltou algumas horas depois, e eles puderam retornar a Pattala.

Ratos de areia

O que os homens de Alexandre não sabiam é que, para a maioria deles, a pior parte da campanha ainda estava por vir. A partir de Pattala, Alexandre decidiu realizar a etapa seguinte da viagem mandando metade do exército por mar, através do golfo Pérsico, e a outra metade a pé, ao longo da costa desértica da Gedrósia.

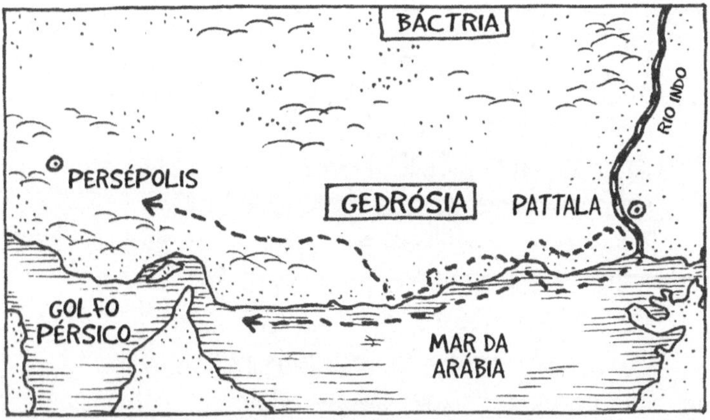

Ele não podia mandar o exército inteiro por mar, porque, não havendo portos ao longo da rota para reabastecê-los, não iriam muito longe antes de acabar com a comida e a água. A metade que iria por terra volta e meia teria de parar, não só para lutar contra as tribos com que topasse, mas para cavar poços e coletar alimentos para a frota, além de ter de encontrar bons locais para as naus ancorarem e se abastecerem. Só que o deserto de Makran, que teriam de cruzar, era um dos lugares mais inóspitos da Terra. Mas isso não desanimou Alexandre!

Diário Secreto do Alexandre
Agosto de 325 a.C.

Lembro de Aristóteles me dizendo que o famoso rei persa Ciro, o Grande, tentou uma vez conduzir seu exército através do Makran e que somente sete homens sobreviveram. Bom, é que ele não era tão grande assim, né? Ciro, o Mané, isso sim!

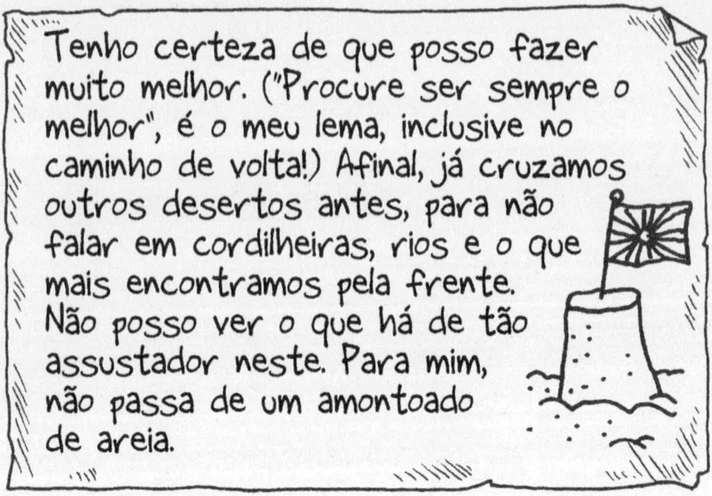

De início, tudo correu bem. Os homens de Alex conseguiam marchar à beira-mar, logo não havia perigo de se perderem. O pior que encontraram foi uma tribo da idade da pedra que vivia em casas de osso de baleia e tinha um hálito horroroso, de tanto peixe que comiam.

No entanto, a viagem logo se revelaria muito mais difícil, e o território montanhoso que acompanha a costa forçou Alexandre e seus homens a se afastar do litoral e penetrar na pior parte do deserto.

Não demorou muito para que eles se perdessem numa tempestade de areia e ficassem desesperados com a pouca quantidade de água e outros víveres que lhes restava. E, claro, não tinham a menor condição de arranjar suprimentos para a frota, que teve de se virar sem eles. Passados poucos dias, muitos adoeceram com o calor do sol escaldante, enquanto carroças e animais de carga atolavam nas dunas que enchiam o horizonte como ondas no mar.

Alguns homens berravam de dor, com seus calçados se enchendo de areia quente, enquanto outros morriam dolorosamente mordidos por cobras peçonhentas ou arranhados por plantas venenosas. (Parece que até toparam com uma espécie de pepino do deserto que esguichava um líquido cegante nos olhos deles!)

De vez em quando encontravam uma poça de água salobra, mas estavam tão desesperados de sede que não se continham, e muitos morriam por beber água demais — e depressa demais.

Diário Secreto do Alexandre
Outubro de 325 a.C.

Bom, devo admitir que foi um pouquinho difícil, e meus homens morriam como moscas. Quer dizer, os fracotes, porque afinal os outros sobreviveram. E, pra variar, não paravam de perguntar: "Já estamos chegando?". (Para ser sincero, não sei, porque estou meio perdido.)
Chegamos a um poço bom, mas estava seco, só tinha água para encher um capacete. Um dos homens, claro, veio cambaleando oferecê-la a mim.
Devo confessar que eu estava mesmo de goela seca e gostaria de ter bebido tudo. Mas me lembrei

que um grande líder sempre tem de fazer sacrifícios. Então estendi o capacete... e derramei a água na areia. (Esses grandes gestos às vezes são necessários para encorajar os homens!)
Fico com pena do coitado que me trouxe a água: ele esticou as canelas logo depois do meu gesto. Deve ter ficado extasiado com meu ato altruísta.

Por fim, após dois meses inteiros vagando pelo deserto, Alexandre conseguiu encontrar o caminho de volta para o litoral. Mas, embora não gostasse de admitir, a viagem foi o mais completo desastre. Acima de todas as calamidades, milhares de mulheres e crianças que viajavam com o exército foram varridas do mapa por uma violenta enxurrada. Das 85 mil pessoas que partiram com Alex, só um quarto delas sobreviveu.

CASAMENTOS EM SÉRIE (E MAIS DOIS FUNERAIS)

Depois dessa aventura no deserto de Makran, Alexandre não estava com o seu melhor humor. Que não melhorou nem um pouco quando ele chegou no ponto de encontro combinado, perto de Susa, e não viu sinal de Nearco nem da frota.

> **Diário Secreto do Alexandre**
> **Novembro de 325 a.C.**
>
> Onde é que foram parar? Espero que não tenham se perdido — ou, pior ainda, se afogado! Não ficaria bem nos livros de História, né? Ainda por cima depois do fiasco no deserto. (Não estou dizendo que foi um fiasco, mas algumas pessoas podem pensar que foi.)
> Será que simplesmente seguiram em frente? Afinal, ficamos no deserto um

> pouquinho de nada além do planejado. Vai ver acharam que tínhamos morrido e tocaram sem a gente. Cá entre nós, não foram nada legais. Só prova quanta fé botam em mim...

Pior ainda: Alexandre logo começou a ouvir péssimos relatos do que estaria acontecendo no coração do seu império persa enquanto estivera avançando Oriente adentro. Parece que um bom número dos homens que ele designara como sátrapas vivia no luxo, dando festas nababescas, e para pagar essas extravagâncias estavam metendo a mão nos cofres reais.

Outros se dotaram de exércitos privados e estabeleceram-se como governantes independentes. Um homem, que Alex nomeara grão-tesoureiro imperial na Babilônia, teve a cara de pau de fugir com seu exército de mercenários e dinheiro o bastante para o resto da vida.

Alex ficou uma fera e resolveu botar a casa em ordem. Disparou cartas para os vários sátrapas e altos funcionários, ordenando que desmobilizassem seus exércitos e intimando-os a comparecer em um lugar chamado Carmânia. Lá deteve e acorrentou a maioria deles. Muitos foram executados.

Designou novos sátrapas para os cargos, inclusive alguns nobres persas. (A essa altura Alexandre tinha chegado à conclusão de que às vezes eles eram mais confiáveis do que seus compatriotas.)

Alex se anima

Nearco finalmente voltou são e salvo, mas acompanhado de apenas cinco naus. De início Alex achou que tinha perdido o resto da frota. Deve ter ficado animadíssimo quando soube que, na verdade, a frota estava intacta e ancorada num porto passando por reparos. Nearco contou a Alex todas as aventuras que enfrentara, inclusive sobre como foram seguidos por um cardume de baleias. Mas ele e os outros navegantes tiveram uma viagem relativamente tranquila. Afinal, puderam se abastecer por conta própria ao longo da costa e não sofreram nada parecido com o calvário da terrível marcha pelo deserto de Makran.

No habitual estilo grego, Alexandre celebrou a volta da frota com um montão de sacrifícios aos deuses, um bocado de vinho, uma gigantesca competição de atletismo e um concurso de música.

O calvário no deserto havia abalado Alexandre, mas, agora que ele reunira sua marinha e reafirmara seu poder executando uns tantos sátrapas rebeldes, estava se sentindo muito melhor. Assim, num momento de generosidade, recompensou seus soldados cancelando todas as dívidas destes (inclusive o dinheiro que deviam por todo o vinho que tinham tomado nos últimos anos!). Até mandou para casa um montão de gregos que haviam combatido no exército persa como mercenários — com ordens de que fossem perdoados e bem tratados. Depois resolveu outro probleminha que vinha ocupando sua cabeça havia algum tempo...

Macedônia Hoje

disponível agora também na Ásia
(salvo nos picos mais altos) Verão de 324 a.C.

É OFICIAL: ALEXANDRE É UM DEUS

Após anos de especulação, finalmente foi confirmado: Alexandre da Macedônia é um deus.

O anúncio oficial foi dado na cerimônia de abertura dos Jogos Olímpicos deste ano, diante de líderes de todos os Estados gregos. Alexandre decretou que, de agora em diante, o título oficial de "deus" deve ser adicionado a todos os outros que já tem (inclusive os de faraó e Senhor de Toda a Ásia).

Alexandre, que ainda está em suas campanhas, não foi localizado para comentar a notícia. Mas sua mãe, Olímpia, 47, declarou: "Não vou dizer 'eu não disse?', mas sempre achei que esse menino tinha algo de especial".

Olímpia: "Eu não disse?"

Alguns políticos que representavam as cidades-Estado ficaram uma fera com o anúncio, enquanto outros levaram a coisa na brincadeira. Quem Alexandre pensava que era?

O coitado do Antípatro, o homem que Alexandre deixara governando a Macedônia enquanto estava fora, sentiu-se particularmente ofendido. Ele havia passado por maus pedaços nos últimos anos...

- Primeiro, enfrentou um montão de rebeliões dos Estados gregos e, quando os derrotou numa grande batalha, teve de engolir uma carta de Alexandre dizendo que, comparada com as grandes vitórias dele, Alexandre, na Ásia, não passou de uma "batalha de ratos".
- Segundo, teve de aguentar a interferência da mãe de Alex, que vivia metendo o bedelho em seus assuntos, mandando nele e intrigando-o com Alex.
- Terceiro, teve de se conformar quando soube que Alexandre — por causa de uma fofoca da mãe dele (Alex) — tinha executado Alexandre, genro dele (Antípatro), por traição.

Mas quando ouviu dizer que Alexandre agora queria ser oficialmente reconhecido como deus, o caldo entornou: era ofensa demais! Antípatro era um cara tradicionalista, que não aturava novidades extravagantes, de modo que viu com muito maus olhos aquela história. Ninguém podia negar que Alex era mesmo um grande conquistador, mas nem por isso deixava de ser humano. E a prova de que era mesmo, é que cometeu erros a dar com o pau.

Mas não era bem assim que Alex via as coisas...

Emburrado de novo

De volta ao planeta Terra, Alex logo arrumou nova encrenca com seus homens e viu-se enfrentando uma segunda rebelião num lugar chamado Ópis (atual Bagdá). Tudo começou quando disse a alguns de seus soldados macedônios (uns 10 mil deles) que voltassem para a Macedônia sem ele.

Os soldados esperavam regressar à pátria junto com seu grande líder, como heróis conquistadores. Só pensavam nisso em todo o caminho de volta.

De repente, porém, perceberam que, sem Alexandre, não seriam tratados como heróis, mas como soldados aposentados, jogados na rua da amargura.

Também perceberam que a Macedônia não era mais o grande lugar que havia sido. De fato, Alexandre parecia não demonstrar mais nenhum interesse por ela. Planejava transformar a Babilônia na capital do seu império, deixando a Macedônia como pouco mais que uma cidadezinha do interior à margem do mundo. Alexandre começara como um macedônio partindo para conquistar o império persa, mas os soldados sentiam que de certo modo o império persa é que o conquistara. Afinal, para governar seu império ele havia nomeado vários persas como sátrapas e tinha engrossado suas tropas com milhares de soldados persas. Os macedônios estavam sendo mandados para casa não como uma recompensa merecida por todos aqueles anos de serviço, mas simplesmente porque Alexandre não precisava mais deles.

Como eles não gostaram nem um pouco dessa situação, depuseram as armas e se recusaram a partir.

Moral da história: Alexandre teve de fazer mais um dos seus grandes discursos (e sair emburrado para a sua tenda), a fim de convencer os soldados do seu ponto de vista:

• Primeiro, lembrou a eles que todos tinham se beneficiado muito com o reinado de seu pai, Filipe.

• Segundo, rememorou rapidamente seus próprios feitos...

• Terceiro, acusou seus homens de serem ingratos, disse que dali para frente só confiaria nos persas e enfurnou-se emburrado na sua tenda.

O truque funcionou, porque os macedônios logo estavam em prantos, suplicando a Alex que os deixasse entrar para dizer quão gratos eram por tudo o que tinha feito por eles. Ao ver todos aqueles velhos soldados chorando feito bebês, Alexandre não demorou muito a cair no choro com eles. E logo estavam todos aos abraços (e provavelmente aos beijos também).

Alex organizou imediatamente um grande banquete para comemorar o fato de serem amigos de novo. Os soldados que se amotinaram ganharam lugares de honra ao lado de Alex e a permissão de beber na taça real. E embora muitos soldados persas também tenham sido convidados, não sentaram em lugares tão honrosos.

Os soldados macedônios só precisavam sentir-se um pouquinho especiais e, depois da festança, Alex mandou-os para casa exatamente como havia planejado. Mandou com eles Cratero, com ordens de substituir Antípatro, que foi convocado à Babilônia. Mas Cratero se atrasou no caminho e Antípatro — que provavelmente temia que Olímpia tivesse finalmente convencido Alex a mandá-lo para a cidade dos pés juntos — ficou na Macedônia e enviou o filho Cassandro em seu lugar.

Sim, aceito

Pouco mais tarde, quando estava em Susa, Alex foi mais longe ainda em seus esforços para aproximar macedônios e persas na sua corte.

Ordenou que uns cem oficiais macedônios que mantivera consigo se casassem com mulheres das mais nobres famílias persas. Todo mundo se casou no mesmo dia e, para dar o exemplo, Alex (apesar de já ser casado) também se casou com *duas* bonitas moças persas (inclusive uma das filhas de Dario).

Hefesto também teve de se casar — com outra filha de Dario —, e os casórios foram comemorados com uma festa gigantesca, que durou cinco dias inteiros!

Pensando no futuro

Embora não quisesse voltar para a tediosa Macedônia, Alexandre tampouco planejava ficar na Babilônia. Havia certamente muito o que fazer por lá, pois seu novo império ainda necessitava de uma boa dose de organização, mas Alex não era de ficar sentado e tinha grandes ideias para novas aventuras.

Coisas a fazer:

- mais explorações – p. ex., Arábia, África e Europa;
- mais conquistas – p. ex., Arábia, África e Europa;
- mais esforços – p. ex., para ser sempre o melhor.

Mas seus planos foram interrompidos por acontecimentos imprevisíveis...

Um dia, Alexandre estava dando uma das suas megafestas para comemorar o festival anual de Dioniso, deus do vinho.

De repente Hefesto caiu no chão e ficou de cama com uma febre danada.

O médico submeteu-o a uma dieta rigorosa por uma semana e ele logo começou a sentir-se melhor.

Tanto que, uma manhã, ele acordou cedo e, contrariando as ordens médicas, liquidou uma galinha cozida inteira e meia jarra de vinho!

Hefesto, é lógico, voltou a passar mal, e dessa vez não se recuperou...

Macedônia Hoje

Edição asiática — outubro de 324 a.C.

O IMPÉRIO ESTÁ DE LUTO: HEFESTO MORREU

Um período oficial de luto tem início hoje em todo o império, devido à morte do melhor amigo do Grande Rei. O capitão Hefesto serviu por muitos anos nas forças armadas macedônias, além de ser um leal conselheiro do rei Alexandre. Hefesto faleceu esta manhã, aparentemente de "complicações" decorrentes de uma febre.

O rei Alexandre está arrasado com a notícia e fontes próximas do palácio confirmaram que ele se atirou sobre o corpo de Hefesto e ficou horas abraçado a ele, soluçando como um bebê.

Projeto de pira funerária: mais detalhes nas páginas internas

Como sinal de respeito, o rei cortou o cabelo, decorou os arreios de seus cavalos e proibiu todos os instrumentos musicais na corte até segunda ordem.

O corpo de Hefesto vai ser embalsamado e enviado à Babilônia para o maior funeral já visto.

O rei Alexandre mandou que todas as províncias do império contribuíssem com as despesas.

• Médico de Hefesto foi executado por negligência. Ver matéria, p. 2

• "Dei uns amassos no Fefé."
Ex-namorada conta tudo, p. 3

A morte de Hefesto foi um choque do qual Alexandre nunca se recuperou totalmente. Continuou se preparando para novas conquistas, claro, mas ficou cada vez mais deprimido e passava cada vez mais tempo fora do ar e enchendo a cara. Via maus presságios para onde quer que olhasse...

Primavera de 323 a.C.

Mãezinha querida,

Outro dia estávamos descendo o rio Eufrates, inspecionando-o para ver se dava para levar por ele minha nova esquadra árabe. De repente, soprou uma brisa que arrancou o chapéu real da minha cabeça. Não fiquei chateado e estava amarrando um lenço para me proteger do sol quando alguém mostrou que meu chapéu tinha ficado preso nuns caniços pertinho de um antigo túmulo de um rei assírio. Fiquei matutando e concluí que aquilo só podia significar uma coisa: o próximo sou eu! Vou morrer, exatamente como Hefesto, e ser sepultado como aqueles antigos reis!!!

Seu filho preocupado,
bjs, bjs,
Alex

De volta à Babilônia, não demorou muito para que os temores de Alexandre se concretizassem...

Uma noite, depois de um banquete em homenagem a Nearco, Alexandre estava meio cabisbaixo e indo para a cama quando o convenceram a ir se encontrar com uns amigos numa festa. Na certa devem ter dito a ele que precisava se animar, e era exatamente o que Alex estava fazendo quando...

Alex foi carregado às pressas para seus aposentos e posto na cama, mas acordou no dia seguinte com uma ressaca de matar e uma febre altíssima. Isso não o impediu de encher de novo a cara e o bucho no jantar, com o que a febre só fez piorar — e muito. Da cama, continuou a dar ordens a seus oficiais, mas logo ficou claro que seus dias estavam contados.

Quando as notícias sobre seu estado se espalharam, as tropas macedônias apinharam-se em torno do seu palácio e o invadiram para ver o Grande Rei e lhe prestar as derradeiras homenagens. Havia tanta gente que tiveram de fazer uma abertura nos muros.

Entre seus oficiais veteranos, circulava uma pergunta desesperadoramente importante, que todos queriam fazer: teria Alexandre escolhido seu sucessor?

GRANDES TEMPOS: A SUCESSÃO

Arrideu, seu irmão, era tecnicamente o primeiro da linha sucessória. Mas todos sabiam que, deficiente mental, Arrideu não tinha condições de dirigir sozinho um império. Felizmente, a esposa persa de Alex, Roxane, estava grávida, mas ninguém sabia se a criança ia ser menino ou menina. E, claro, mesmo que fosse menino, levaria anos até ser grande o bastante para reinar. De modo que todo mundo sabia que, na prática, quem governaria o império seria um dos principais generais de Alexandre. A pergunta então era: qual deles?

Alex sempre gostou de uma competição e, ao se recusar a nomear um sucessor, uma coisa ficou certa: seus oficiais iam se engalfinhar por sua coroa. Claro que não era a melhor maneira de preservar seu império intacto, mas era bem típico de Alexandre.

Alexandre, o Grande, morreu no dia 10 de junho de 323 a.C. Dizem que suas últimas palavras foram...

GRANDES HISTÓRIAS: ALEX TERÁ SIDO ASSASSINADO?

Nem todos acham que beber demais foi o que matou Alexandre. Muita gente acredita que ele pode ter pegado malária ou alguma outra doença, enquanto outros dizem que foi envenenado. Verdade que não faltava gente com vontade de mandá-lo desta para a melhor. Entre os principais suspeitos temos:

Antípatro — fulo da vida por ter sido intimidado por Alexandre e sua mãe, a ponto de começar a temer por sua vida e sua posição. Indignado também por Alex se proclamar um deus.

Cassandro — filho de Antípatro, era um jovem ambicioso que alimentava a fantasia de ser rei. (Uma vez Alex bateu a cabeça dele, Cassandro, na parede por ter rido de alguém que se inclinara diante dele, Alex.)

Cratero e Perdicas — ambiciosos oficiais macedônios que esperavam herdar seu trono.

Aristóteles (ele mesmo!) — furioso por Alex ter se proclamado deus e contrário a seus costumes persas. Muito perturbado também com a morte do sobrinho, Calístenes. Dizem alguns que era aliado de Antípatro e do filho deste, e que teria usado seus conhecimentos científicos para fazer o veneno.

DEPOIS DO ALEX

O corpo de Alexandre foi embalsamado com especiarias, a fim de que não apodrecesse, e enviado numa magnífica procissão fúnebre para o Egito, onde foi sepultado. (Infelizmente, porém, a localização exata do túmulo se perdeu.)

Ao morrer, com 32 anos, Alexandre havia viajado até os mais distantes rincões do mundo conhecido e conquistado um império de tamanho quase inimaginável. Conduzira seu exército por montanhas, desertos, rios e mares, e obtivera vitória após vitória sobre os mais impossíveis desafios. E tudo isso em pouco mais de dez anos. É fácil entender por que logo ganhou o apelido pelo qual é conhecido até hoje: *Mega-Alexandros*, em grego, ou Alexandre, o Grande, ou ainda Alexandre Magno.

Mas Alexandre não era tão bom na administração do seu império quanto na sua ampliação com novas conquistas, de modo que o império não sobreviveu por muito tempo — principalmente porque várias pessoas achavam que deviam herdá-lo. Eis o que aconteceu...

• O bebê de Roxane foi um menino, chamado Alexandre como o pai. No início, ele e seu tio — o meio irmão de Alex, Arrideu — governaram juntos o império.

• Mas quem detinha o poder de fato era Antípatro, que dirigiu o império em nome deles até sua morte, em 319 a.C.

• O filho de Antípatro, Cassandro, assumiu então o poder e — a conselho da mãe de Alex, Olímpia — assassinou Arrideu e a esposa deste.

• Por fim, Cassandro se encheu de Olímpia e mandou matá-la. (O que, pensando bem, ela fez por merecer.)

• Depois, só por precaução, Cassandro também matou o pequeno Alexandre (o filho de nosso Alex, então com treze anos), junto com a mãe dele, Roxane.

Isso levou Cassandro e vários oficiais que haviam servido lealmente a Alexandre a brigar violentamente na "Guerra dos Sucessores".

Quando a poeira assentou, o império de Alexandre havia se dilacerado, cada um se proclamando rei dos vários pedaços de que conseguiu se apoderar:

Durante anos após a morte de Alexandre, a Macedônia dominou a Grécia, a despeito de novas rebeliões das cidades-Estado. Graças aos vários reis gregos que a governaram e também às cidades gregas que Alex havia fundado, a língua e as ideias gregas se difundiram em boa parte da Ásia e do Oriente Médio nos séculos seguintes. Mas quase nada restou das conquistas de Alexandre na Índia, salvo as histórias lendárias de um super-homem chamado "Sikandre". E a ideia de um só império mundial foi esquecida, pelo menos até a chegada dos romanos, um par de séculos mais tarde.

Os romanos eram grandes admiradores das façanhas de Alex, e muitos dos seus imperadores tentaram copiá-lo. Mas Alex não era admirado por todos, tanto que na Pérsia logo passou a ser conhecido como "Iskandre, o Abominável". Para alguns, ele sempre foi um nobre conquistador que aproximou duas civilizações, enquanto para outros ele foi um monstro sedento de sangue que praticamente só trouxe dores e sofrimentos a quem encontrou pela frente. Mas amando-o ou odiando-o, todo mundo concorda que seu nome é um dos mais famosos da história.

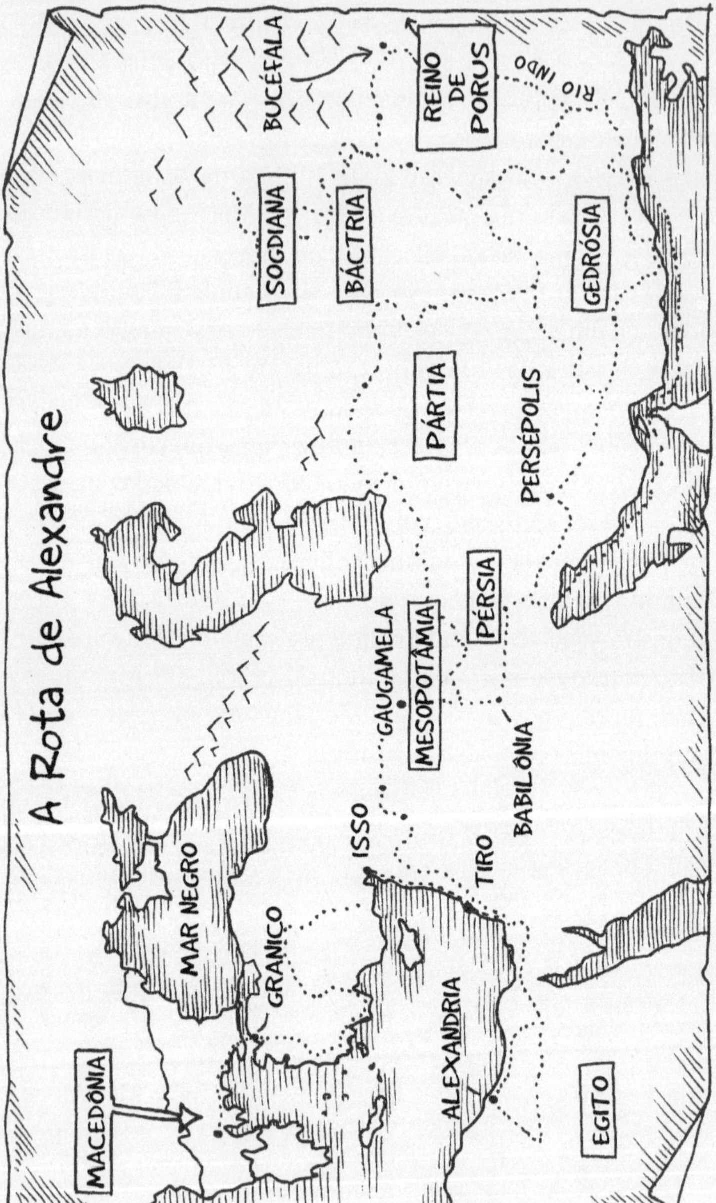
A Rota de Alexandre
MACEDÔNIA
MAR NEGRO
GRANICO
ISSO
TIRO
ALEXANDRIA
EGITO
GAUGAMELA
MESOPOTÂMIA
BABILÔNIA
PÉRSIA
PERSÉPOLIS
PÁRTIA
SOGDIANA
BÁCTRIA
BUCÉFALA
REINO DE PORUS
RIO INDO
GEDRÓSIA